Edson De Paula

Torcendo por você!
Uma analogia sobre futebol e liderança

Edson De Paula

Torcendo por você!
Uma analogia sobre futebol e liderança

Copyright© 2012 by Edson De Paula

Todos os direitos são reservados à Editora Ser Mais Ltda.

Capa e ilustrações:
Renato Fabregat
Cartilhas RH

Diagramação:
Dephinitiva

Revisão:
Julyana Rosa

Impressão:
Imprensa da Fé

Dados Internacionais de Catalogação na Publicação (CIP)
(Câmara Brasileira do Livro, SP, BRASIL)

Torcendo por você! - Edson De Paula -
São Paulo: Editora Ser Mais, 2012.

Bibliografia.
ISBN 978-85-63178-24-4

1. Liderança. 2. Carreira profissional - Desenvolvimento.
3. Liderança - Ferramentas. 4. Sucesso profissional.
5. Mercado de trabalho.

CDD-658

Índices para catálogo sistemático:

1. Liderança
2. Carreira profissional - Desenvolvimento
3. Liderança - Ferramentas
4. Sucesso profissional
5. Mercado de trabalho

av. Rangel Pestana, 1105, 3º andar - Brás - São Paulo, SP - CEP 03001-000
Fone/fax: (0**11) 2659-0968
Site: www.editorasermais.com.br e-mail: contato@editorasermais.com.br

Sumário:

Introdução	13
A maior torcida de todos os tempos!	17
Tem gente torcendo contra você?	26
A bola da vida	35
Deixe sua bola ainda mais redonda	43
Como você está chutando sua bola?	47
O futebol é o esporte mais popular do mundo!	49
E no Brasil? Quando tudo começou?	50
As 4 figuras principais do futebol	51
O jogador	52
O árbitro	53
O treinador	54
O torcedor	55
Os 4 tipos de times	56
Primeiro tipo de time: que joga na retranca	58
Segundo tipo de time: que joga no contra-ataque	59
Terceiro tipo de time: que joga no ataque	60
Quarto tipo de time: que joga por completo	61
Que tipo de jogador você é?	63
Arquétipos de aspectos negativos dos jogadores	69
O jogador assertivo: a melhor forma de vencer o jogo!	75
Os 3 toques de classe	80
Qual é a sua seleção?	82
O banco de reservas	85
O gandula	88
Entrando de carrinho nas jogadas	90
As 7 jogadas de ouro	98
Saiba quando pendurar as chuteiras	108
Você vai dar o melhor de si?	110
Na marca do pênalti é gol!	116
Conclusão	117
Minidicionário de futebol	119

Sobre o autor:

Edson De Paula é *master coach*, comunicólogo, palestrante e treinador comportamental, sendo especialista nas áreas de comunicação, liderança e desenvolvimento humano.

Como empresário, nas áreas de comunicação corporativa e marketing, possui experiência profissional com mais de 25 anos de atuação no desenvolvimento de ações estratégicas para empresas nacionais e multinacionais.

Já aprimorou competências de liderança e comunicação, por meio de processos de *coaching*, palestras e treinamentos de equipes, para os mais diversos tipos de públicos e faixas etárias, desde universitários até executivos. Possui uma grande experiência no ambiente acadêmico e corporativo. Reconhecido pela sua alta capacidade de adaptar e repassar conteúdos para aprendizagem com muita naturalidade, motivação e força didática. Desenvolveu vários projetos de treinamentos personalizados para empresas nacionais e multinacionais. É idealizador dos treinamentos de alta performance *Public Master* e *Leadership Master* e do programa de formação *Leader Coach: o líder atuando como coach*. Durante anos tem se dedicado intensamente aos estudos, técnicas e recursos para o contínuo progresso do desenvolvimento humano como Comunicação Transformacional, Inteligência Emocional, Pensamento Sistêmico, Emotologia, Deep Memory Process, Neurociências, Física Quântica, Psicologia Transpessoal, Hipnose Clássica e Ericksoniana, Programação Neurolinguística e *Coaching*.

Sua palestra *"Torcendo por você!"*, que intitula este livro, é a primeira no país que integra os conceitos de *Life* e *Team Coaching* ao universo do futebol.

Visite o site www.**edsondepaula**.com.br

Dedicatória

Dedico este livro a Liliane.
Mulher, mãe, esposa, amiga.
Minha maior torcedora!

Agradecimentos

A Deus, pela dádiva da vida.
A minha amada esposa Liliane, companheira e sócia, pelo seu apoio imensurável, por sempre acreditar nos meus sonhos, mesmo nos momentos difíceis da nossa vida e aos meus filhos Edley e Edilayne, que nos escolheram para zelarmos por este empréstimo divino, que é o dom de sermos pais e mães.
A minha mãe Dirce, pelo seu amor incondicional, por me ensinar a persistir pelo exercício da tolerância e ao meu pai e professor Ednilson, pela formação de meu caráter, por me ensinar que tudo é possível quando você tem conhecimento e força de vontade.
Aos meus irmãos, Reginaldo e Márcia, pelos momentos de fraternidade, amor e amizade.
Ao amigo Renato Fabregat que, gentil e magistralmente, ilustrou este livro e aos amigos Eduardo Ribeiro e Marcos Tonin que aceitaram prontamente o convite para escrever, respectivamente, prefácio e apresentação.
A todos os meus amigos e parceiros profissionais na área do desenvolvimento humano que, direta ou indiretamente, me motivam a seguir essa linda missão da arte de desenvolver pessoas.
A todos que já participaram das minhas palestras, treinamentos e processos de *coaching*, por me incentivarem ao contínuo autodesenvolvimento e por serem a razão e o propósito de tudo isso.
E a você, leitor, por ter sido escolhido pelo meu livro.
Costumo dizer que somos escolhidos pelo livro.
Então, obrigado por atender esse chamado!

Prefácio

O mundo contemporâneo e competitivo exige cada vez mais do ser humano quanto ao comprometimento com a aprendizagem e, consequentemente, a absorção de novos conhecimentos para seu respectivo desenvolvimento.
E nesta obra, de um modo muito ilustrativo e de fácil compreensão, o amigo, *coach* e palestrante Edson De Paula, conseguiu por meio da utilização de metáforas e relatos da sua vida pessoal e profissional, fazer uma excelente analogia das duas maiores paixões dos brasileiros: o futebol e a liderança.
Devido ao seu alto grau de especialização nas áreas de comunicação, liderança e desenvolvimento humano e, principalmente, pela facilidade de criação que o autor possui, temos a possibilidade de identificar neste livro todas as influências que recebemos de nossos *"jogadores"*, *"árbitros"*, *"treinadores"* e *"torcedores"* e ainda de como podemos fazer grandes mudanças dependendo do tipo de *"jogador"* que somos, do tipo de *"time"* que jogamos, de como estamos levando a sério os nossos *"treinos"* e, principalmente, de como estamos *"jogando o nosso jogo"* no *"campeonato da vida"*.
A aplicação prática desta obra, que utiliza ótimas

referências de *Life* e *Team Coaching* e também da *Programação Neurolinguística*, inseridas sutilmente no texto com muita sapiência pelo autor, conduzirá você, leitor, de uma maneira didática e interessante, a desfrutar de momentos ímpares de grande autorreflexão sobre a vida.
Portanto, fico muito contente em termos mais uma obra à disposição para os leitores seletos que prestigiam o desenvolvimento humano.
Após a leitura deste livro, eu acredito que você irá *"torcer ainda mais por você"* e, desta maneira, exercer sua autoliderança para conquistar muitas vitórias na vida.

Eduardo Ribeiro
Empresário

Apresentação

Tenho a honra de apresentar este livro a você, caro leitor, porém, peço sua licença para falar sobre seu autor.

Há alguns anos tive a felicidade de conhecer Edson De Paula dentre os estudiosos de *coaching* e Programação Neurolinguística e, para quem o conhece pessoalmente e sabe do que falo, trata-se de uma figura dotada de uma personalidade interessante que tem o poder de cativar as pessoas pela sua tranquilidade e consistência aos mínimos detalhes que dispensa sobre os assuntos que trata, sempre mesclando seriedade com bom humor.

Com seu foco totalmente voltado aos estudos do desenvolvimento humano, o autor procura manter algo que acredito ser o valor mais importante e difícil para alguém: *ser coerente com tudo aquilo que faz, fala e acredita*.

Por esta razão, apresentar uma obra deste profissional, que admiro e respeito muito, é tarefa mais do que especial.

Sei do seu esforço e dedicação dispensados neste livro e, certamente, você leitor, perceberá a competência que o autor possui em transmitir conceitos complexos de forma simples e cotidiana.

Acredito que, em uma época, na qual seres humanos e organizações tomam caminhos por vezes antagônicos, o livro "Torcendo por você!" propicia uma bela e real metáfora sobre autoliderança que nos faz refletir sobre pontos a serem melhorados e também como aplicamos nossas principais forças na vida pessoal e profissional.

Nesse sentido, a leitura e o estudo desta obra constituem uma ferramenta de autoanálise aos nossos verdadeiros comportamentos e também sobre as escolhas que fazemos em nossa vida, bem como os resultados imediatos que colhemos a cada escolha feita.

Parabenizo o autor pelo livro e também pela coragem de dividir um pouco do seu grande conhecimento conosco.

Marcos Tonin
Consultor e *coach*

Introdução

O futebol é o esporte mais popular do mundo e, principalmente no Brasil, nós praticamente nascemos respirando futebol. Desde cedo, somos conduzidos pela onda dessa paixão nacional.
Se você é brasileiro, sabe o que estou dizendo.
Torcer por um time e ser identificado como fiel torcedor é como se fizesse parte da nossa identidade, do nosso DNA.
Quem é que já não teve a experiência de participar de longos bate-papos em rodas de amigos ou parentes sobre futebol, o time do coração ou o tio que torce pelo time que só perde?
E aquela turminha que insiste em azucrinar sua cabeça quando o seu time vai de mal a pior no campeonato?
Lembre-se: os fanáticos por futebol estarão à espreita, esperando a oportunidade para pegá-lo desprevenido.
Mas é aí que reside a beleza deste esporte: a torcida!
Essa massa popular que tem uma fé inabalável em acreditar no milagre do minuto final ou naquele último chute certeiro que definirá todo o campeonato.
A torcida já comprovou por diversas vezes que acreditar ainda vale a pena. E é exatamente no acreditar que tudo é possível, a diferença no mundo atual.
Hoje, as pessoas com essa confiança, essa credibilidade de que tudo é possível, dotadas de uma crença que alia esperança com otimismo, aquele "brilho no olhar", são as

que obtém melhores resultados nas entrevistas de emprego e nos processos de concorrência.

Elas possuem essa energia que costuma transformar as intenções em ações, os sonhos em realidade.

Já imaginou se toda essa energia, se toda essa força de credibilidade que uma torcida deposita em um time de futebol fosse transferida para as situações do dia a dia?

Se esse acreditar fosse direcionado para uma causa humanitária, ainda mais no Brasil, onde temos milhões e milhões de torcedores?

O futebol também possui essa beleza de ser um esporte de equipe, no qual o talento individual do jogador só faz a diferença se a equipe apoiar e acompanhar suas jogadas.

No futebol, o ditado *"uma andorinha sozinha não faz verão"* é, literalmente, uma verdade.

Cada jogador é uma peça fundamental para a conquista do campeonato. Representa uma parte do conjunto todo, indiferentemente do seu talento individual.

E não basta apenas ter um bom time para conquistar o campeonato, temos que destacar também a importância de um bom técnico, sua comissão, o clube e a torcida!

Se o técnico não tiver experiência necessária para conduzir sua equipe com o apoio do clube, fatalmente, seu time não chegará sequer nas semifinais do campeonato.

Se o clube não apoiar o técnico e não prover os jogadores, não haverá sequer um time para disputar o campeonato.

Se a torcida não comparecer ao estádio, não haverá beleza e força na partida. É uma fusão de conhecimento, habilidade, atitude e oportunidade, é o exercício mais profundo da liderança, pois cada jogador é o líder de sua posição na equipe.

O técnico é o líder da equipe.

O clube é o líder do técnico.

A torcida é o líder do clube.

É uma corrente de liderança com um único propósito: conquistar a vitória.

Se você entende de futebol, também entende de liderança. Sabe que é preciso agir rápido.

E também é necessário defender sua posição. Além de fazer o seu melhor, possuir autoconhecimento profundo dos seus recursos e dos seus limites.

Ter motivação pela vitória é saber estabelecer o seu posicionamento no jogo da vida, vestindo a camisa do seu clube, que pode ser sua empresa ou sua família, estando apto para conquistar o campeonato do sucesso.

Mas não se esqueça de que esse campeonato está cada vez mais competitivo e é assim no mundo corporativo.

Como especialista em comunicação, liderança e desenvolvimento humano, além de apaixonado por futebol, sempre fiz comparações desse esporte com os conceitos de liderança nas minhas palestras e treinamentos.

Observe, no mercado, as empresas que almejam o sucesso devem conhecer profundamente quais são os pontos fortes e fracos de seus produtos ou serviços e, principalmente, os de todos os seus concorrentes.

No futebol é a mesma coisa: uma equipe deve estar sempre preparada, tática e estrategicamente, conhecendo e armando as jogadas, explorando minuciosamente os pontos fracos do time adversário.

Uma equipe bem preparada tem mais possibilidades de êxito, de conquistar a vitória no campeonato da vida.

Em time que ganha não se mexe!

As empresas têm investido em suas equipes de trabalho, especialmente nas suas lideranças. Felizmente descobriram que o seu melhor produto é o elemento humano!

No futebol, como em qualquer outro esporte, também é imprescindível praticar o *"fair play"*, o jogo limpo, onde mais importante do que vencer é estar preparado para respeitar o adversário. A ética é um valor fundamental e precisamos nos lembrar sempre que a essência de toda prática esportiva reside no equilíbrio da razão com a emoção, do físico com a espiritualidade.

Neste contexto, é importante saber *"quem torce por você"*, *"joga no seu time"* e, finalmente, *"que tipo de jogador é"*.

Quando há todas essas informações, você adquire a consciência da sua posição no mundo e tem o profundo conhecimento de suas habilidades e de suas fraquezas.

Com isso, controla melhor suas ações, obtendo a motivação necessária para mudar o rumo dos acontecimentos.

Quando tem o domínio das suas capacidades, percebe bem quem cerca sua vida, compreendendo suas necessidades e expectativas, gerando a empatia, ou seja, empatando o jogo, mas com gosto de vitória para as duas equipes.

Esse é o jogo certo, é a melhor partida que pode jogar!

Independentemente da vitória, conquiste sua posição e jogue o melhor possível. Faça sua parte no jogo da vida e lembre-se sempre: existem muitas pessoas que estão torcendo por você. Eu também estou!

Então vamos juntos, uma ótima leitura!

Edson De Paula

A maior torcida de todos os tempos!

Vou pedir para você nesse momento, dentro do seu íntimo, do seu pensamento, imaginar-se num imenso estádio de futebol. Ele representa o mundo e todo o universo à sua volta. Nesse imenso estádio, tudo é possível, desde que acredite na sua força interior. É o grande estádio do mundo, o estádio de nossos esforços pessoais e profissionais.

É nele que são disputados os jogos do maior campeonato de todos os tempos. É onde acontece o campeonato da sua vida. Nele poderá sair vitorioso ou derrotado.

Nem sempre é possível ganharmos todas as partidas,

algumas vezes tropeçamos nas nossas imperfeições, nos nossos erros por falta de tática ou por falta de treino.
O mais importante agora é caminhar por esse estádio e entender que o mundo está aí, esperando por você e que pode fazer toda a diferença no jogo da vida.
Imagine esse estádio vazio e que caminha pelo gramado.

É possível ouvir o vento e sentir a maciez da grama.
O céu está muitíssimo claro e azul.
Vá caminhando até o centro do gramado.
Na marca central do campo tem uma bola.
Pegue-a em suas mãos, essa bola representa tudo o que você faz ou fez durante toda a vida.

A sua bola está cheia ou está murcha?
E como está a sua vida?
Cheia de ânimo, de alegria, de vontade e felicidade?
Ou ela está murcha, sem sentido?

Quero que reserve alguns minutos para responder com sinceridade e suas convicções, a seguinte pergunta:

"Como anda lidando com o que cerca a sua vida?"

Ao fazer analogia com a vida e a bola de futebol, responda:

"Como você está chutando a sua bola?"

Coloque a bola novamente no centro do gramado.
Vamos falar sobre ela mais tarde.

O importante é que tenha refletido sobre como você está lidando com as coisas que cercam a sua vida.
Depois retomaremos esse assunto.

Olhe para as arquibancadas vazias do imenso estádio.
Você continua sozinho no centro do gramado.
Visualize um portão de entrada nesse estádio.
Imagine um ponto ou local no qual possam entrar pessoas, muitas delas.

Nesse ponto ou local, imagine o portão.
Esse portão vai se abrir e eu vou pedir para você deixar entrar toda a torcida. Essa torcida é formada por TODAS as pessoas que você conhece ou conheceu.

Exatamente TODAS aquelas que passaram por sua vida e também torcem a seu favor.

Vá deixando essa torcida entrar no estádio, imaginando um local bastante especial para colocar essas pessoas que tanto torceram ou continuam TORCENDO POR VOCÊ!
É possível que, nesse momento, consiga visualizar os rostos, as feições dessas pessoas tão especiais.

Podem ser parentes, sua mãe e seu pai, seus irmãos, amigos e pessoas próximas ou, por algum motivo, distantes, mas que, certamente, fazem a diferença na sua vida.
Lembre-se, ainda existe quem, apesar de distante, o admira muito e continua torcendo por você.

E pode ter certeza que também há aqueles que estão na torcida mas preferem ficar no anonimato, pois não necessitam do seu reconhecimento ou gratidão, simplesmente porque fazem o bem aos outros com o coração aberto, sem interesse.

Vá olhando para cada uma dessas pessoas, vá agradecendo cada uma delas por acreditarem e estarem dispostas a apoiá-lo nos momentos mais difíceis pelos quais passou e por estarem naqueles momentos de reconhecimento e merecimento, de imensa felicidade, brindando suas vitórias pessoais ou profissionais.

Nossa mente possui a capacidade de criar essas imagens que representam cenários e situações, especialmente aquelas que já passaram pelos nossos cinco sentidos: *visão, audição, paladar, olfato e tato*.
É a nossa IMAGINAÇÃO!

Quando peço para imaginar uma bola de futebol, tenho certeza de que você pensa na redonda já está registrada na sua mente. Pense nisso: a sua bola é diferente da minha.
Eu posso estar imaginando uma bola de futebol totalmente branca e você outra, preta e branca ou até colorida.
E por que é que isso ocorre?
Porque o seu registro sensorial é único.

Quando pegou uma bola de futebol pela primeira vez, teve um estímulo visual e tátil, sentiu-a em suas mãos e registrou, pela visão, o formato redondo e as cores dela.
A partir desse momento, literalmente, aprendeu o que é uma bola e nunca mais se esqueceu do seu formato.
E o mais interessante é que pode, inclusive, ter um relato associado que tornará esse registro ainda mais definido.

Enquanto escrevia essa passagem, comecei a pensar:

"Quando foi a primeira vez que eu brinquei com uma bola de futebol?"

No começo, confesso que foi um pouco difícil coordenar os meus pensamentos.
Minha mente começou a rebobinar, rebobinar, como um velho aparelho de vídeocassete.

Comecei a ver algumas imagens, alguns sons foram surgindo, memórias da minha adolescência, dos finais de

semana jogando futebol com os meus amigos...
...fui rebobinando cada vez mais, chegando na infância e me visualizei numa bicicleta, sentado na garupa de uma!
"Incrível! O que é que essa bicicleta tem a ver com a primeira vez que brinquei com uma bola de futebol?"

Parei para pensar por uns segundos e, realmente, fiz esta pergunta para mim. No mesmo instante as imagens começaram a ficar claras na mente.
Eu me vi sentado na garupa da bicicleta do meu pai, devia ter uns três anos de idade.

Meu pai, o seu Ednilson, pedalava por uma estrada de terra. Posso até me lembrar e sentir o calor e o brilho intenso do sol daquela manhã, que deveria ser um domingo.

Quando passava por algum conhecido ou amigo apertava uma campainha que ficava no guidão da bicicleta. Consigo também me lembrar daquele *"trim-trim"* estridente.
Ainda me lembro que, na infância, costumava brincar com essa campainha por horas e horas a fio.

Quando nos aproximamos do local cercado por um grande muro, forrado por folhas de zinco pintadas de preto, meu pai entrou com sua bicicleta pelo pequeno portão.

Ao atravessarmos esse portão, um pipoqueiro e um sorveteiro insistiam em ficar disputando com suas buzinas quem é que conseguia chamar mais a atenção para os carrinhos de pipoca e de sorvete.
Nesse local havia um campo de futebol.

Era o campo de futebol do *"Vasquinho"*, como era carinhosamente chamado pelos seus torcedores, um time amador de Rio Claro, minha cidade natal, localizada no interior do estado de São Paulo.

O local era totalmente rodeado por altos eucaliptos, daqueles cheirosos, e davam aquela *"sombrinha"* aos torcedores que se acotovelavam tentando assistir ao jogo pelo alambrado que cercava todo o campo.
Enquanto meu pai torcia pelo time, eu ficava brincando de *"pega-pega"* com as outras crianças, correndo de um lado para o outro num local próximo ao campo, esse espaço era de terra batida e muito vermelha.

Conforme corria, minhas botinas pretas e as meias brancas ficavam sujas e com uma coloração avermelhada.

Minha mãe, a dona Dirce, devia *"ficar uma onça"* quando meu pai chegava em casa no domingo para o almoço com o filho sujo, após brincar na terra com as outras crianças.
De repente, houve uma espécie de discussão no campo de futebol entre os jogadores.

Lembro-me de ouvir toda aquela confusão dos jogadores, vozes gritando, toda aquela correria e *empurra-empurra"*. Era mais gritaria do que confronto.

A partida terminou exatamente naquele momento.
O portão do alambrado que dividia os jogadores dos torcedores foi imediatamente aberto.

Os jogadores foram saindo do gramado e se dirigiram para um casebre improvisado que servia de vestiário.
Um tio do meu pai chamado João, o técnico do time, saiu resmungando na frente dos jogadores, acotovelando e empurrando os torcedores que se aproximavam.

No meio daquela confusão, a nossa brincadeira de *"pega-pega"* foi abruptamente interrompida, pois alguns pais mais afoitos já procuravam pelos seus filhos.
Lembro claramente do meu pai me chamando:

"Edson! Edson! Vem pra cá!"
Quando fui ao encontro do meu pai, um daqueles jogadores que se dirigiam para o vestiário parou na minha frente e mexeu comigo. Parei e fiquei olhando para ele.
Não me lembro do jogador, das suas feições, mas me recordo daquele uniforme todo branco com a faixa preta na diagonal na camisa e a cruz vermelha no meio da faixa. Era o uniforme do Vasco da Gama.

Ele estava segurando uma bola de futebol e naquele momento, rolou a bola na minha direção.
A bola veio rolando e parou bem na minha frente.
Peguei a bola com as minhas pequenas mãos, e esse foi um momento mágico: a bola parecia ser maior do que eu!
E o jogador, com um sorriso no rosto, gritou para mim:
"Vai menino! Chuta a bola!"

Eu me lembro de tentar chutar aquela bola enorme, mas era muito pesada para mim. Acabei dando alguns chutinhos fracos e a bola insistia em não sair do lugar. Todos que estavam por perto, incluindo o meu pai, começaram a rir daquela situação engraçada e o jogador, então, se aproximou de mim e inclinando-se pegou a bola de volta, passou a mão na minha cabeça e foi embora correndo para o vestiário.

Tudo isso não durou mais do que alguns segundos, mas ficou registrado para sempre na minha memória.
Havia sido a primeira vez que eu havia tomado consciência do que era uma bola de futebol.

Fiz esse pequeno intervalo apenas para ilustrar como o nosso pensamento interfere nas nossas ações.
Costumo dizer que a IMAGINAÇÃO é IMAGEM EM AÇÃO, ou seja, imagens em movimento, como um filme.
Nós possuímos um gigantesco acervo de *"filmes"* em nossa mente, na nossa imaginação.

Tudo isso fica registrado e arquivado, sempre ao nosso alcance. Às vezes, nos lembramos de uma cena ou de outra: é apenas um reflexo, uma parte infinitamente pequena de tudo o que temos registrado em nosso cérebro.
Você tem a capacidade de assistir ao filme completo no momento que quiser, basta acessar a sua memória.

Basta se concentrar nos detalhes, nas imagens, nos movimentos, nos sons, e como num passe de mágica, estará vivenciando cada momento de sua existência com precisão de detalhes, tornando essas imagens muito vivas e reais. Basta exercitar essa capacidade que conseguirá colocar dentro desse estádio todas as pessoas que passaram pelo seu caminho, desde os mais remotos tempos da sua infância até agora.

Você irá se lembrar dos seus amigos e amigas da infância, de alguns até que nem se recordava mais.
É importante que também se lembre dos momentos relacionadas com essas pessoas.

De repente, uma dessas histórias que estava guardada há tanto tempo em sua memória, irá ressurgir tão clara e tão vívida que conseguirá fazer uma viagem no tempo, pois não existe tempo na nossa mente, tudo é possível.

Aproveite, nesse momento de reflexão, para exercitar duas grandes virtudes do ser humano: humildade e gratidão.
Deixe sua mente conduzi-lo para os momentos nos quais foi humilde o suficiente para saber que precisava pedir ajuda a alguém. Você soube pedir e foi atendido.

Lembre-se dos momentos de curiosidade, principalmente na sua infância. A criança curiosa pergunta tudo, tem fome de conhecimento e é humilde para solicitar aprendizado.
Só aprende quem sente ou vivencia algo.
É preciso sentir para aprender.

Aprender é adquirir novos hábitos e condutas, é também transformar com qualidade o pensamento, a estrutura mental.
É preciso ter vontade para aprender coisas novas.
A criança, quando curiosa, necessita de estímulos externos para adquirir um novo aprendizado.
Ela precisa ser incentivada, estimulada.

Lembra-se do exemplo da bola de futebol?
Quando o jogador chamou a atenção daquele menino, o Edson, incentivou essa criança a aprender algo novo.
Ao tocar na bola, aquele menino percebeu que existia um objeto chamado *"bola de futebol"*.

Sentiu o seu formato, gravou sua cor, seu peso, suas ranhuras e costuras, associou a história, o local, as pessoas envolvidas, todo aquele contexto e *"eureka"*, aprendeu!

Quando falo de humildade e gratidão, me refiro ao fato de que precisamos ter uma postura de reconhecimento com as pessoas que nos ensinaram algo em nossas vidas, mesmo que seja um pequeno aprendizado, como o exemplo da bola de futebol.

Devemos ser gratos com as pessoas que nos fazem aprender, que nos transmitem um ensinamento, elas são os nossos verdadeiros mestres.

Precisamos ser gratos com todos os nossos torcedores fiéis. Essa torcida que torce, que sofre e que ama, incondicionalmente. Ela será, com toda certeza, a sua maior torcida de todos os tempos!

Tem gente torcendo contra você?

Será que tem gente torcendo contra você?
Ah! Eu não acredito, sério?
Então, fique tranquilo, você não está sozinho!

Estamos vivendo numa época em que o mundo corporativo encontra-se muito competitivo, pois todos competem pelo seu espaço, defendendo suas posições com unhas e dentes.

> Faça a seguinte reflexão:
> *Será que precisamos competir com o único objetivo de vencer o jogo da vida, custe o que custar?*

Muitas vezes a arrogância, a vaidade e, principalmente, a ambição sobrepõem ao jogo limpo, o jogo justo.
Já dizia o Barão de Coubertin, criador dos jogos olímpicos modernos:

"O importante é competir!"

Acredito que ele, sendo um visionário que promovia o esporte como uma forma de educação e aprendizado, não teve a intenção de colocar essa frase no sentido pragmático da competição. Creio que sua intenção tenha sido dizer que *"o importante na competição é estar presente e participar ao máximo. Independente da vitória, faça o seu melhor!"*.

É inevitável que sempre existirão ganhadores e perdedores. É inevitável que nem todos estarão torcendo ao nosso favor. Existe a torcida do time adversário, não se iluda.

Nesse momento, como anteriormente, peço para você visualizar o mesmo estádio e agora, naquele mesmo portão, por onde entraram todas as pessoas que torciam por você, faça uma reflexão e deixe entrar uma a uma, TODAS AS PESSOAS QUE TORCEM CONTRA VOCÊ! Seja sincero!

Essa torcida será formada por TODAS as pessoas que você conhece ou conheceu, exatamente TODAS as pessoas que passaram por sua vida e que torcem contra você.
Vá deixando essa torcida entrar no estádio. Imagine um local isolado para colocar essas pessoas que tanto te prejudicaram, conspiraram negativamente ou que você acredita que simplesmente *"não vão com a sua cara"*.
Force sua mente e visualize o rosto dessas pessoas.

Vá mais fundo e tente, inclusive, olhar diretamente nos olhos dessas pessoas, encarando-as.
Entenda também que existem pessoas que, mesmo distantes, só irão torcer contra você.

Também existem pessoas que você nem imagina que torcem contra você, que preferem ficar no anonimato, escondidas, esperando uma oportunidade para passar uma rasteira em você, entrando de *"carrinho"* diretamente nos seus tornozelos.

Vá olhando para cada uma dessas pessoas, encarando seus concorrentes, adversários e, da mesma maneira que anteriormente, agradeça cada uma delas por torcerem contra você, pois são elas que proporcionam os desafios.

São elas que fazem você ficar cada vez mais forte e melhor.
Assim como é preciso sentir para aprender, é preciso ser desafiado para crescer.

E da mesma maneira que anteriormente, você exercitará a humildade e a gratidão com essa torcida adversária.
Sim, é exatamente isso, não estranhe!
Eu tive várias situações em minha vida pessoal e profissional, que me fizeram refletir profundamente sobre esse fato de agradecer aqueles que só me prejudicaram.

É lógico que somos seres humanos e temos a tendência de guardar mágoas ou rancores em situações nas quais fomos humilhados ou deixados à deriva, sendo prejudicados profundamente por alguém.

O que eu peço para você, neste momento, é apenas refletir sobre essa questão:
É possível perdoar alguém que te prejudicou profundamente?

Peço sua permissão novamente para contar um fato da minha vida pessoal e profissional. Em janeiro de 1990 minha esposa, Liliane, deu a luz ao nosso primeiro filho, Edley Luís. Trabalhava há quase 10 anos como assessor de projetos numa renomada empresa localizada na região de Campinas, no interior de São Paulo.

Sempre procurei cumprir minhas obrigações, procurando ser um profissional exemplar. Enfim, todos gostavam de mim e eu tinha bons relacionamentos trabalho.

A empresa fazia parte da minha vida, era um dos meus valores pessoais: família, trabalho e aprendizado contínuo.
Gostava de trabalhar naquela empresa, nunca havia sentido a necessidade de pedir um aumento ou uma promoção. Nunca, até aquele momento da minha vida.
Meu orçamento doméstico era muitíssimo controlado e enxuto. Sempre fui muito modesto e simples, não tenho tendências para o luxo, prefiro o conforto.

Para duas pessoas viverem juntas, no caso eu e minha esposa, o orçamento estava adequado, sendo que minha esposa também trabalhava como professora para complementar a nossa renda.

Quando nosso primeiro filho nasceu, começaram os gastos extras com as fraldas, os remédios, as roupinhas.
Nossas despesas aumentaram, mas quando somos *"pais frescos"* queremos o melhor para os nossos filhos.

Realmente senti que precisava melhorar a minha situação financeira, então, depois de muito ensaiar, tomei coragem e fui falar diretamente com o superintendente da empresa que havia sido recentemente contratado.
Vejam o meu erro: fui falar com um superintendente que tinha acabado de entrar na empresa, que não tinha sequer

um histórico dos funcionários, não tinha nenhuma empatia estabelecida com o grupo e, principalmente, estava querendo mostrar serviço! Admito que naquela época não tinha um décimo da experiência corporativa de hoje.

Fui *"rápido no gatilho"*, estava nervoso e despreparado. Respirei fundo e fui direto à sala do superintendente, sem agendar um horário. Simplesmente pedi licença e fui entrando. Ele estava com aquela cara de *"bola murcha"*, a mesa toda lotada de papéis que se empilhavam como montanhas de bagunça e eu fui logo disparando mais ou menos isso:

"Dá licença, Sr. 'fulano de tal', meu nome é Edson. Eu estou na empresa há 10 anos, nunca pedi um aumento e agora, devido ao nascimento do meu filho, necessito urgente de uma melhoria no meu salário!"

Bom, eu acredito que foi algo parecido com isso, mas tenho quase certeza de que foi muito pior. O superintendente nem sequer expressou uma comoção com meu problema e, novamente, perguntou o meu nome. Respondi e ele ficou em silêncio, abaixou a cabeça, abriu uma pasta e começou a folhear uma lista.

Foi checando com uma caneta e, de repente, acenou com a cabeça. Olhou para mim e continuou a me encarar, como se não soubesse o que dizer. Depois de alguns segundos de silêncio, soltei um pigarro com a garganta e perguntei:
"E então... O senhor vai me conceder o aumento?"

Ele respirou fundo e começou a falar por uns cinco minutos sem parar, na realidade eu nem imaginava que ele iria me dar uma resposta naquele momento. Só consegui reter partes do que falou, era algo assim:
"A empresa está passando por um momento difícil...

Estamos tendo que tomar algumas medidas... Espero que entenda nossa situação... Fizemos o melhor que pudemos... Cortes... Lista... Demissões... Por favor, dirija-se ao departamento pessoal..."

Naquele momento, meu mundo desabou, fiquei com a boca seca, minhas pernas começaram a tremer e tive que me segurar na cadeira à frente. Senti que ficou preocupado com minha reação e emendou:

"Tenha calma, eu sei que você não está com cabeça para entender a situação, mas saiba que é para o seu bem. Você é jovem, tem um ótimo currículo e irá superar tudo isso!"

Pegou o telefone, ligou para o Departamento Pessoal - naquela época ainda não existia o termo *"recursos humanos"* - e pediu para que eu me dirigisse até lá. Fiquei mudo, sem fala. Saí da sala cabisbaixo ao *"DP"*.

Quando cheguei lá, uma fila de funcionários se amontoava e todos pareciam perplexos. O chefe do departamento saiu da sala e me chamou, ignorando os funcionários que estavam na fila e começaram a reclamar por passar na frente.
Puxou-me pelos ombros e perguntou:

"Você também foi dispensado?"

Percebi que se tratava de uma demissão em massa e apenas acenei com a cabeça. Eu estava furioso!
Como ele não estava entendendo muito o motivo da minha demissão, ligou novamente para o superintendente, imaginando tratar-se de um erro. Os dois conversaram pelo telefone por uns cinco minutos e no final da conversa, o chefe do *"DP"* da empresa virou para mim e disse:
"Fique tranquilo. Vai ser melhor para você!"
Eu não conseguia entender como uma demissão poderia

ser o *"melhor para mim"*... E já era a segunda pessoa que me falava aquilo naquele dia!

O fato é que eu fiquei com muito ódio no coração naquele momento, senti muita mágoa. Não sabia o que iria dizer para minha esposa, porque nunca havia sido demitido.

Considerava-me um ótimo profissional.
Depois de acertar os detalhes, perguntei se mais pessoas estavam sendo demitidas. A resposta foi essa:

"Só os melhores profissionais estão sendo demitidos!"

Naquele dia quase metade dos profissionais daquela empresa foram dispensados e eu era um deles.

Como não tínhamos acesso às informações, todos nós que havíamos sido demitidos naquele dia, ficamos com um sentimento de derrota, aquela sensação de *"o que foi que fizemos para merecer isso?"*
Essa era a minha pergunta:

"Por que os outros não foram demitidos?".

Resumo do jogo:
Passados seis meses da minha demissão, minha vida mudou para melhor! Com o dinheiro do meu fundo de garantia acumulado por dez anos, consegui comprar um carro novo, reformar minha casa e voltei a estudar para aprimorar ainda mais minha profissão. Melhorei meu currículo e saí à luta, a procura de um emprego melhor.

Fiz vários testes e, finalmente, acabei sendo admitido por uma empresa de ponta com um salário duas vezes maior que o anterior. Foi uma época difícil, mas que havia sido superada. Eu realmente cresci muito.

Passado algum tempo fiquei sabendo pelo meu novo empregador que um dos fatores definitivos para minha contratação havia sido, justamente, uma ligação telefônica entre ele e aquele superintendente que me demitiu.
Isso mesmo! Aquele mesmo superintendente que falou *"Você é jovem, tem um ótimo currículo e irá superar tudo isso!"* havia me recomendado como um excelente profissional para aquela empresa.

Naquela mesma ocasião, também fiquei sabendo que a empresa na qual eu trabalhara anteriormente, havia entrado em falência administrativa e, por incrível que pareça, apenas os funcionários que haviam sido demitidos comigo conseguiram receber alguma indenização.

O fato é que durante esses 6 meses de desemprego eu, literalmente, tive sentimentos de raiva e mágoa.
Eu era um profissional que havia trabalhado durante 10 anos em uma empresa e que havia sido demitido sem muitas explicações. Naquela época, não era tão fácil conseguir um emprego e com um filho recém-nascido, as coisas se complicavam ainda mais para mim.

Quando fiquei ciente da conversa entre o meu novo empregador e aquele superintendente, eu me senti aliviado, me senti vitorioso. Imediatamente entrei em contato por telefone com aquele superintendente para agradecê-lo pela indicação.

Nos momentos de profunda crise existencial, temos a oportunidade de obter a consciência da nossa real força interior, pois são os desafios que nos fazem aprender.
Os desafios nos fortalecem e neles crescemos. Enfrentar desafios, aprender com as adversidades, superar os limites: este é o grande diferencial daqueles que almejam alcançar estados mais elevados de excelência na vida.

Difícil é dar o primeiro passo.
Quando tivermos atravessado esse limiar que divide os indecisos dos determinados, poderemos então compreender que os passos subsequentes não foram menos difíceis que os anteriores.
A cada passo, um novo desafio.
A cada desafio, um novo aprendizado.
Este é o contínuo caminhar dos vitoriosos.
Continue caminhando, siga sempre em frente!

Portanto, olhe novamente para essa torcida que torce contra você e veja se tem alguém que mereça seu respeito, seu agradecimento.
Pode ser que exista alguém que você guardou rancor ou mágoa durante muito tempo e que, por algum motivo, reconheça que tudo foi necessário para o seu crescimento.
Pode ser que essa pessoa nem saiba dessa mágoa que você carregou durante tanto tempo.

Se você puder aliviar essa mágoa, faça isso: aproxime-se dessa pessoa e conte para ela tudo o que você passou e agradeça-a, dizendo que não tem mais esse sentimento negativo sobre ela, que tudo já passou.

Desse modo, você conquistará mais uma pessoa que estará torcendo por você!

A bola da vida!

Assim como no futebol, nossa vida está repleta de altos e baixos. Existem momentos em que um time está na ponta do campeonato e de uma hora para a outra, começa a despencar na tabela.

A beleza do futebol consiste na superação dos obstáculos que vão surgindo durante o campeonato.

Você já ouviu a história do time que começou lá em baixo, foi subindo, subindo e ficou campeão?
Se a bola de futebol representa a vida, que é o centro de tudo, superar as situações conflitantes que o mundo nos proporciona, tomar fôlego e iniciar a subida com determinação é essencial para a conquista do campeonato.

A bola de futebol representa a vida e ela tem uma forma esférica.
Esta forma é considerada a mais perfeita forma geométrica e várias culturas utilizam a esfera ou o círculo como um símbolo de harmonia, de perfeição, de totalidade.
E assim deve ser nossa vida: devemos buscar o equilíbrio em tudo o que fazemos!

Perceba que o ato de jogar bola exige um esforço físico e também mental.
Já dizia a expressão latina *"mens sana in corpore sano"*, ou seja, *"mente saudável em corpo saudável"*.
Quando falamos sobre a vida, falamos sobre saúde.
Saúde é, segundo a Organização Mundial da Saúde, *"um estado de completo bem-estar físico, mental e social, e não apenas a ausência de doenças"*.

O bom jogador deve equilibrar todos os aspectos de sua vida e, para isso, deve orientar-se pelas 8 saúdes que são: *física, espiritual, familiar, social, financeira, profissional, intelectual e emocional.*
A seguir farei uma apresentação de cada uma delas.

Eu vou pedir para você dar uma nota de 0 a 10 para cada uma das suas saúdes. Essa pontuação representa, em uma escala de 0 a 10 pontos, o quanto você está satisfeito ou o quanto se dedica para melhorar cada uma das áreas da sua vida.
Eu quero pedir para que você faça uma reflexão de como anda a sua vida e perceba como está lidando com ela.

Faça também a seguinte reflexão para cada uma das oito saúdes:
O que eu posso fazer a partir de hoje para melhorar a minha nota nesta saúde?

Primeira saúde:
a física

O bom jogador deve cuidar muito bem do seu corpo, pois é a sua principal ferramenta de trabalho.
Deve procurar obter um bom condicionamento físico, com exercícios corretos que não forcem sua estrutura corporal, além de uma alimentação balanceada e, principalmente, dormir bem, no mínimo, de 6 a 8 horas por dia.
Periodicamente, deve também procurar um médico de sua confiança para fazer um *"check-up"* para analisar como anda sua saúde.

Perguntas para você refletir sobre sua **saúde física**:
Sua alimentação é saudável? Seu peso está dentro do desejável, do ideal?
Você faz exercícios físicos regularmente? Pratica algum esporte?
Você toma água em abundância? Pelo menos 2 litros (8 copos) por dia?
Você dorme, pelo menos, de 6 a 8 horas por dia?
Você tem feito um check-up médico periódico?

Segunda saúde:
a espiritual

O bom jogador deve praticar a espiritualidade e ter crenças positivas.
Independente de sua religião, pratique o hábito de orar e meditar, entrar em contato com a paz, o amor e a compreensão com os outros seres humanos que cercam sua vida.
É uma maneira de estar conectado com o seu lado divino.
Lembre-se da dica sobre humildade e gratidão.
Aproveite para agradecer pela sua existência diariamente.
Tenha fé!

Perguntas para você refletir sobre sua **saúde espiritual**:
Você tem o hábito de meditar e refletir sobre a vida?
Você norteia sua vida por princípios e valores espirituais?
Você respeita as crenças das outras pessoas?
Você tem consciência de qual é a sua missão nessa vida?
Como anda a sua paz de espírito?
Como está a sua consciência interior?

Terceira saúde: a familiar

Mantenha um relacionamento harmonioso com sua família, seus pais, seus filhos, seus parentes, enfim, todos que fazem parte de sua vida familiar.
A família é a base da sociedade, é o nosso maior patrimônio, a nossa marca, o nosso nome.
O bom jogador procura manter sua família unida, constituir lar e promover a paz e o amor. Família é para sempre!

Perguntas para você refletir sobre sua **saúde familiar**:
Como está o seu ambiente familiar?
Você está sempre junto com a sua família?
Você curte sua família?
Sua família está satisfeita com o tempo que você dedica à ela?
Você cultiva o diálogo transparente com seus familiares?
Você respeita a opinião dos seus familiares?
Você dá atenção às necessidades da sua família?

Quarta saúde: a social

É muito importante saber relacionar-se com as pessoas.
Ser um ser social exige empatia, que é a arte de saber compreender os outros.
Quando compreendemos as pessoas, nos relacionamos

melhor e conquistamos mais amigos.

É importante que você, como um bom jogador do jogo da vida, ajude as pessoas, exercitando seu voluntariado em causas sociais.

Ajude sem impor condições e a vida será generosa com você!

> Perguntas para você refletir sobre sua **saúde social**:
> *Você tem dedicado um tempo para seus amigos? Quanto?*
> *Você participa de festas, eventos, comemorações?*
> *Você ajuda alguma instituição de caridade? Qual?*
> *Você gosta de conversar com as pessoas? Com quais pessoas?*
> *Você tem algum hobby?*
> *Qual é o seu tipo de diversão?*

Quinta saúde:
a financeira

Não seja um jogador que gasta todo o seu salário, o seu *"bicho"* ou suas *"luvas"* em coisas supérfluas.

Pratique o hábito de economizar com sabedoria.

Uma maneira simples e prática de controlar suas economias e que eu sempre indico aos meus clientes é a regra do *"50 - 30 - 20"*: Use até 50% do seu salário para seus gastos básicos e fixos como alimentação, água, luz, etc; 30% para investimentos pessoais como educação, saúde ou lazer e 20% em investimentos de médio e longo prazo.

Pratique o hábito de economizar!

> Perguntas para você refletir sobre sua **saúde financeira**:
> *Você está satisfeito com os seus rendimentos?*
> *Você tem o hábito de economizar?*
> *Como você economiza?*
> *Você gasta menos do que ganha?*
> *Como você planeja seus gastos e investimentos?*

Sexta saúde:
a profissional

Quais são suas habilidades e competências? Todo jogador deve procurar melhorar sua técnica diariamente para ser um bom profissional.
Você valoriza sua profissão? Se sua resposta for não, então mude imediatamente.
Se você sente que está na profissão errada ou no local errado, mude também.
Como dizia Max Weber *"o trabalho enobrece o homem"*, então procure um trabalho ou um clube que valorize o seu passe.
Saiba escolher em qual time você quer jogar.

> Perguntas para você refletir sobre sua **saúde profissional**:
> *Você está satisfeito com seu desempenho profissional?*
> *Se você fosse seu chefe, você daria uma promoção para si mesmo?*
> *Você sente-se realizado com seu atual emprego?*
> *Você já fez o seu plano de carreira profissional?*

Sétima saúde:
a intelectual

Você possui os conhecimentos desejados para sua profissão? Procura estudar e aprender algo novo todos os dias? Se você respondeu que sim, está no caminho certo.
Cuidar de sua saúde intelectual é manter-se atualizado, é estar "por dentro das jogadas", por dentro do mundo em que vive.
O bom jogador deve estudar todas as melhores jogadas, com os melhores jogadores. Você já viu algum pintinho andando com gavião? E minhoca andando com cobra? Não se faz um time de vencedores com jogadores comuns.
A vida não perdoa: não estudou, dançou!

Perguntas para você refletir sobre sua **saúde intelectual**:
Você está estudando atualmente?
Você gosta de ler? Quantos livros você lê por ano?
Você participa de cursos, treinamentos, palestras?
Você gosta de compartilhar conhecimentos com outras pessoas?

Oitava saúde: a emocional

O bom jogador deve cuidar muito bem do seu estado emocional, pois precisa ser equilibrado para poder definir melhor suas jogadas, manter-se calmo nos momentos de conflito e, acima de tudo, saber identificar, perceber e controlar suas emoções para poder vencer as situações de conflito e os desafios da vida.

Perguntas para você refletir sobre sua **saúde emocional**:
Você consegue perceber e controlar suas emoções?
Você costuma culpar os outros pelos seus erros?
Você é equilibrado em momentos de crise?
Você mantém a calma em situações de conflito?

Agora que você já conheceu as 8 saúdes, coloque suas pontuações de 0 a 10 para cada uma delas na BOLA DA VIDA na ilustração abaixo.

Depois de colocar uma pontuação em cada saúde, una os pontos e veja como ficou a sua bola.

Essa é a sua BOLA DA VIDA!

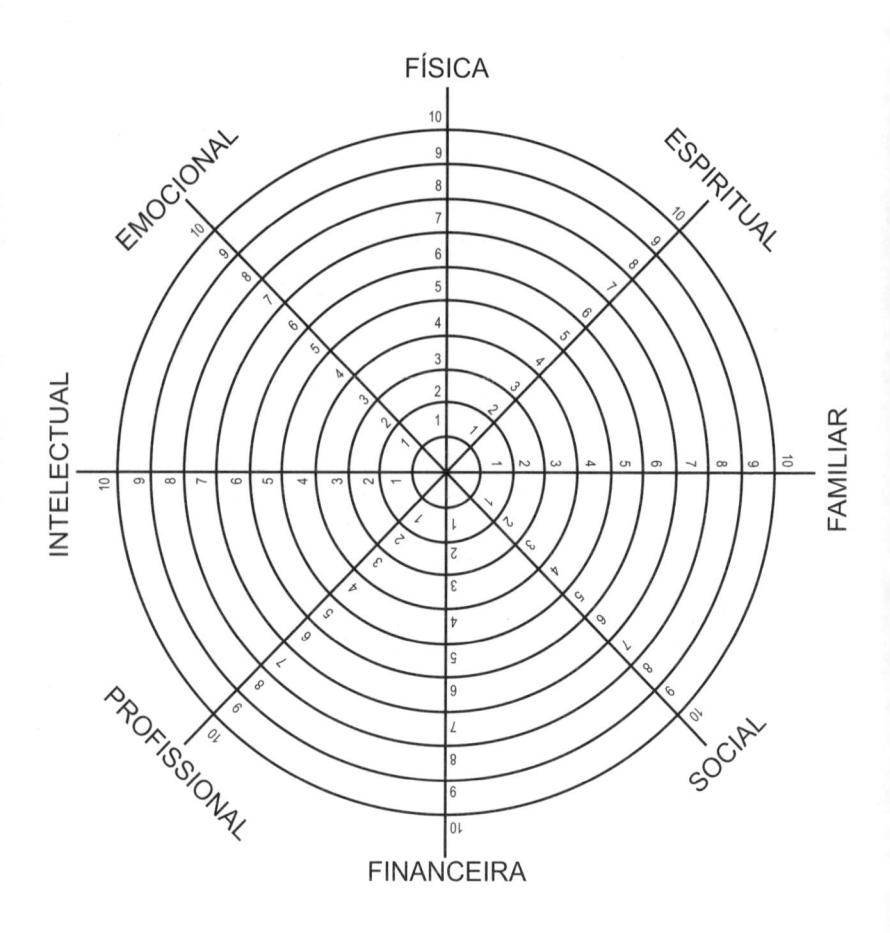

Você está contente com o formato da sua bola? O que você pode fazer a partir de hoje para melhorar este formato? O que você pode fazer para equilibrar a sua vida? Qual das saúdes deverá ser aprimorada em primeiro lugar?

Deixe sua bola ainda mais redonda: aproveite e faça um 5S na sua vida!

O conceito de 5S no âmbito empresarial é uma metodologia organizacional que surgiu no final da década de 60 no Japão devido à constatação de que a maioria das empresas japonesas estavam desorganizadas e, literalmente, sujas!

Naquela época, os japoneses viviam num contexto de reestruturação sócio-econômica do país após o desastre da bomba atômica na Segunda Guerra Mundial e, praticamente, não tinham a real percepção dos ambientes no qual passavam a maior parte do seu dia, trabalhando num regime médio de até 12 horas de trabalho.

A metodologia básica do *"Programa 5S"*, como é popularmente chamado no mundo corporativo, consiste na recuperação dos ambientes de trabalho, especificamente dentro dos aspectos de limpeza e organização, através da implementação de pequenas tarefas diárias que devem ser praticadas com muita disciplina e determinação.

O 5S diferencia-se dos outros programas, pois prima pela melhoria contínua do processo, ou seja, não é um simples programa temporário com início, meio e fim.
Ele foca, principalmente, na melhoria da eficiência na organização dos ambientes, através do senso do que é útil ou inútil, necessário ou desnecessário, além de organizar, limpar e identificar tudo aquilo que se é utilizado com frequência.

Você já perdeu um tempo precioso procurando algo importante e não conseguiu encontrar aquilo naquele exato momento?
E se aquilo que você procurava estivesse ao alcance de sua mão?

Faço aqui uma analogia com a nossa vida pessoal e profissional, através desta pergunta: *você já pensou em fazer um 5S na sua vida?*
Quanto tempo perdemos do nosso dia a dia com coisas inúteis e desnecessárias?

Como o próprio nome já diz, o 5S é composto por cinco princípios chamados de *"sensos"*, cujas palavras transliteradas do japonês ao nosso idioma, iniciam-se com as letras *"S"*.
Como é um programa que pode ser aplicado para qualquer ambiente pessoal ou profissional, você poderá também adaptá-lo para a organização de suas rotinas diárias, reprogramando sua vida.

> *Há quanto tempo você não organiza ou limpa sua casa ou seu ambiente de trabalho?*
> *Você encontra facilmente as coisas que procura?*
> *Elas estão visíveis e à sua disposição?*
> *Seus arquivos no computador estão dispostos de maneira organizada?*
> *Com qual frequência você organiza suas coisas pessoais e profissionais?*

Vamos entender um pouco sobre os 5 sensos do programa, pois com eles você obterá maior produtividade, reduzindo assim tempo e despesas desnecessárias e aumentando sua satisfação pessoal.

O primeiro *"S"* é o *Seiri* que é o senso de *Utilização*.
Procure verificar tudo o que você possui na sua vida pessoal e profissional pelo aspecto do que é realmente essencial para suas rotinas diárias e descarte aquilo que não lhe serve, por exemplo sua sogra...
...Brincadeira!
As sogras não se encaixam nesse exemplo, só a minha.

O segundo *"S"* é o *Seiton* que é o senso de *Ordenação*.
Organize seu espaço, verifique o que você pode fazer para facilitar sua vida, deixando o máximo possível de coisas úteis à sua disposição.
Por exemplo, que tal organizar sua lista de e-mails?
Ordenar as pastas do seu computador ou aquela sua coleção de discos e livros antigos?
Quando tudo está ordenado e com fácil acesso, você economiza tempo, eliminando movimentos desnecessários.

O terceiro *"S"* é o *Seiso* ou senso de *Limpeza*.
Esse, em minha opinião, é um dos mais importantes sensos e deve ser praticado diariamente.
Você deve manter seu ambiente de trabalho limpo e também, metaforicamente, limpar seus pensamentos negativos, exercendo mais positivismo em sua vida.
Limpe também a poluição dos seus pensamentos, o volume alto do som, o exagero das cores, o acúmulo de coisas desnecessárias em sua vida.
Limpe-se, clareando suas ideias, deixando mais espaço para os novos projetos.
Muitas vezes, ficamos presos às nossas expectativas e isso acaba gerando uma ansiedade desnecessária.
Limpe-se de suas expectativas, seja mais claro, direto e objetivo nas suas decisões, enfim, saiba escolher.

O quarto *"S"* é o *Seiketsu* ou senso de *Normalização*.
Entenda que, normalizar é criar regras e procedimentos.
Assim como padronizamos procedimentos, poderemos também padronizar nossos comportamentos, ou seja, criarmos regras para cuidarmos melhor da nossa saúde física, mental e ambiental, conduzindo nossa vida com mais disciplina.

Por exemplo, se você especificar que todos os dias num determinado horário irá praticar alguma atividade física por um tempo determinado, você estará criando uma regra específica quanto à sua atitude de melhorar seu condicionamento físico.

Mais importante do que criar essas regras é segui-las, especialmente quando temos um objetivo muito bem definido.

O quinto e último *"S"* é o *Shitsuke* que é o senso de *Autodisciplina*.

Não adianta nada você conseguir administrar em sua vida os quatro sensos anteriores se você não tiver a disciplina e a determinação necessárias para manter tudo aquilo que começou, adaptando-se às mudanças quando necessário.

O meu objetivo foi traçar uma pequena analogia entre o 5S tradicional e um provável 5S da nossa vida pessoal.

Lembre-se que, da mesma maneira que possuímos bens e recursos materiais que devem ser organizados dentro de um ambiente, também possuímos situações na nossa vida pessoal ou profissional às quais devemos organizar, priorizar, normalizar e manter sempre no nosso controle, assumindo o domínio das nossas expectativas e procurando fazer a melhor escolha, pois nós somos os únicos responsáveis pelas nossas conquistas.

1 SEIRI — Utilização
2 SEITON — Ordenação
3 SEISO — Limpeza
4 SEIKETSU — Normalização
5 SHITSUKE — Autodisciplina

5S

Como você está chutando sua bola?
Ah! Eu chuto de bico, de qualquer jeito!

Se você chuta a bola de qualquer jeito e joga a partida apenas por jogar, não será reconhecido ou valorizado como um bom jogador.
Os outros não irão passar a bola para você no jogo da vida, ou seja, ninguém terá confiança suficiente para deixar uma jogada decisiva nos seus pés.
Cobrar um pênalti então, nem pensar!

> *Fique atento: as boas oportunidades só acontecem poucas vezes na vida.*
> *Se você desprezá-las e chutá-las de qualquer jeito, não marcará o gol da vitória.*

As pessoas altamente eficazes sempre focam nas oportunidades que a vida proporciona e não nas dificuldades e nos problemas.
Elas agem no *momento oportuno* e são extremamente *rápidas nas decisões*.
Não fique distraído, não deixe de dar atenção aos detalhes que realmente fazem a diferença numa partida decisiva.
Vista a chuteira certa para cada tipo de gramado.
Não deslize no campo molhado com uma chuteira de cravos baixos.
Existe um jeito certo para cada coisa na vida.
Faça o seu melhor, dê 200% de rendimento na partida, não faça sa coisas pela metade.
Já dizia Napoleon Hill:
"Se você fizer as coisas pela metade, será um fracassado.
Nós descobrimos neste mundo que o sucesso começa pela intenção da gente e tudo se determina pelo nosso espírito".
Não adianta você ter ótimas intenções se não praticar para obter as ações concretas.

Se você não tiver o espírito da atitude, o seu projeto não vai sair da prancheta.
Será apenas uma boa ideia.
Será como um *"dream team"*, um time dos sonhos, que nunca jogou uma partida.
Desse jeito você não vai chegar nem nas quartas de final, será desclassificado antes do final do campeonato.

Como você está chutando sua bola? Ah! Eu chuto com classe!

Se você é um jogador sério, que pratica a nobre arte do futebol, divide as jogadas com os bons jogadores, chuta com classe sua bola, escolhendo o canto certo para a *"gorduchinha"* entrar, então o gol é certo!
Quando nós conduzimos nossa vida com planejamento e ação tudo fica mais fácil.

> *Se você tem conhecimento do jogo, tem habilidade em conduzir a bola e atitude para marcar o gol, você decide a partida.*
> *Desse jeito, os outros jogadores se aproximam de você.*
> *Eles querem dividir as jogadas com você, pois confiam em você.*

Quando temos um foco definido e promovemos a ação, o resultado acontece.
Depois é só continuarmos praticando e melhorando as jogadas, desse modo, adquirimos experiência com muita técnica e precisão.

Você será referenciado por todos os outros jogadores, valorizado pela torcida e visto por outros clubes que disputarão o seu passe.
Talvez você seja até convocado para jogar na seleção brasileira, não é mesmo?

O futebol é o esporte mais popular do mundo!

O futebol é o esporte mais popular do mundo, sendo praticado nos quatro extremos do nosso planeta, sem distinções de fronteiras ou de raças.
Esse esporte, como atualmente conhecemos, teve suas regras e práticas originadas na Inglaterra, no século 19.
Algumas pesquisas recentes comprovam ainda que o jogo com bola é praticado desde o século 25 A.C. e que sua origem vem de uma prática militar da China antiga.
Os chineses após derrotarem seus inimigos, cortavam suas cabeças e iniciavam um estranho jogo que consistia, literalmente, em ficar chutando as cabeças de um lado para o outro, levando-as para dentro de duas estacas fincadas no campo. E aí? Será que eles faziam *"gol de cabeça"*?
Já imaginou o gandula deste jogo, repondo as cabeças?
Nós estamos falando de aproximadamente 4.500 anos de história da *"gorduchinha"*, da *"pelota"*, da *"esférica"*, entre outros nomes dados à bola de futebol.

E no Brasil?
Quando tudo começou?

Existem várias teses sobre a origem do futebol em solo brasileiro.
Uma delas é que o futebol no Brasil foi introduzido por um brasileiro de nome britânico que morava no Brás, em São Paulo.
Ele era Charles Miller, filho de ingleses que residiam no Brasil.
Após passar 10 anos estudando na Inglaterra, nosso amigo Charles Miller voltou ao Brasil em 1894 trazendo uma bola de futebol de *"capotão"* e algumas camisetas.
Iniciou no São Paulo Athletic Club os ensinamentos do esporte aos associados.

A bola de "capotão" era um tipo de bola que tinha uma câmara de ar inflada com o auxílio de uma bomba manual ou até mesmo com o próprio ar dos pulmões.
A câmara tinha uma espécie de ponta com bico que ficava dentro de uma capota formada por vários tiras de couro costuradas.

O São Paulo Athletic Club não tem nada a ver com o atual São Paulo Futebol Clube.
É um clube desportivo paulistano e seu departamento de futebol foi até desativado.
Este clube ficou famoso por montar uma das principais equipes de rúgbi do Brasil, que é um esporte muito semelhante ao futebol. Outra tese é que o futebol foi trazido por alguns marinheiros ingleses que aportaram no Rio de Janeiro em 1872.

Independente da sua origem, o futebol no Brasil é uma paixão nacional e movimenta bilhões por ano, possuindo milhões de adeptos da prática esportiva.

E a torcida?
São milhões e milhões de torcedores que torcem pelo...
...Brasiiiiiiiiil!!!
Tenho certeza que você torce pelo Brasil, não é?
O Brasil com a sua torcida será sempre o campeão dos campeões!
Quando você torce para o Brasil, você torce por você!
E é isso que faz a diferença, é isso que faz você vibrar e torcer todos os dias.
Porque você merece!

As 4 figuras principais do futebol

Você vai conhecer agora as quatro figuras principais do futebol que são: *o jogador, o árbitro, o treinador e o torcedor.*
Sem essas figuras não acontece o espetáculo.

Para que você entenda esta analogia, esta comparação do futebol com a vida, é preciso compreender que todos nós assumimos os quatro papéis no nosso dia a dia.

É quase certo que você se identifique com algumas das características destas figuras ou reconheça pessoas da sua vida que possuem estes comportamentos.

O jogador

O jogador de futebol é o trabalhador, o batalhador, o guerreiro. É aquele que, com suas jogadas, cativa os torcedores.
Ser jogador de futebol é saber trabalhar com a bola, é ter o domínio da técnica do futebol.

O bom jogador ou o bom profissional sabe que deve praticar continuamente para melhorar as suas jogadas.
Ele pode ser talentoso, mas sabe que só será reconhecido pelo time e pela torcida quando dividir as jogadas com sua equipe, jogando com união, com integração e motivação, ajudando o seu time a ser campeão.
Ele tem um único propósito: dar o melhor de si para conquistar o campeonato da vida.

Que tipo de jogador você é?
Como você está conduzindo a bola?
Em qual time você está jogando no campeonato da vida?
Qual é a sua torcida? Quem torce para você?

O árbitro

O árbitro ou juiz de futebol é aquele que impõe as regras, que tem o controle da partida em suas mãos. Ele representa as normas, as leis e dentro do campo ele é a autoridade maior. Se um jogador *"pisar na bola"*, com certeza levará uma advertência.

Muitas vezes fazemos o papel de árbitro no jogo da vida. Também impomos regras e advertimos as pessoas, muitas vezes injustamente e sem termos poder ou autoridade para isso.
Lembre-se: só é respeitado aquele que respeita.
O seu direito termina onde começa o direito do outro!
O bom árbitro é aquele que não se vende, não aceita a *"mala preta"*. Ele é honesto e sabe respeitar as leis!
Se precisar dar um cartão amarelo para alguém, faça isso com determinação e sem arrogância.

Procure dar exemplo, ensinando e orientando.
Se precisar dar um cartão vermelho, seja justo e responsável. Você não deve prejudicar a partida de ninguém pela sua falta de experiência. Seja justo!

O treinador

O treinador ou técnico é aquele que ensina e treina a equipe. Normalmente, um treinador de futebol é um profissional que transmite segurança e confiança aos jogadores pela sua experiência. Ele influencia e motiva a equipe, identificando as melhores táticas para uma partida. Analisa as táticas do time adversário e dá as dicas para os jogadores.

Todos nós temos um técnico ou treinador na nossa vida pessoal ou profissional, que pode ser uma pessoa especial como seu pai ou sua mãe, esposa, marido ou até um amigo. Essa pessoa, que é o seu treinador pessoal, está sempre ao seu lado, orientando e apoiando suas atitudes, sem exigir nada em troca.

Você também deve ser um treinador de alguém. Tenho certeza que alguém o admira pelos seus conselhos e suas atitudes. Vê em você um modelo a ser seguido. Já pensou nisso? Essa é a beleza do jogo da vida: aprender e continuar a transmitir o aprendizado. É um processo de troca, de continuidade. Você é treinado e treina alguém, com isso, cria admiradores e seguidores.

O torcedor

E o torcedor?
Ele é aquele que vibra, que torce e que apóia seu time.
É o maior incentivador de uma equipe e está sempre ali na arquibancada ou no alambrado, faça chuva ou faça sol.

> Nelson Rodrigues, famoso dramaturgo, jornalista e escritor brasileiro, além de ser um apaixonado pelo futebol, tinha um lema: "Sem torcedor não há futebol".
> Nelson era um fanático torcedor do Fluminense.
> Numa de suas frases antológicas proferiu: "Se o Fluminense jogasse no céu, eu morreria para vê-lo jogar".

A beleza da torcida reside na sua insistência, torcer é um ato de pura paixão. A torcida é o décimo segundo jogador de qualquer time de futebol.
Uma curiosidade: a primeira **torcida organizada** no Brasil foi composta por um grupo de mulheres que torciam para o Atlético Mineiro, no início da atuação desse clube em 1908.

As mulheres iam aos estádios com bandeirinhas e devidamente uniformizadas para acompanhar seus maridos. E você? Para qual time você torce?

Os 4 tipos de times

Todos nós fazemos parte de um grupo de pessoas.
"O homem é um ser social. O que vive, isoladamente, sempre, ou é um Deus ou uma besta", disse Aristóteles, filósofo grego, com muita propriedade.
Somos seres sociais e, portanto, vivemos em sociedade.

Para a sociologia, ciência humana que estuda o homem como ser social, o termo Sociedade significa um conjunto de pessoas que compartilham os mesmos propósitos, gostos, preocupações e costumes, e que interagem entre si constituindo uma comunidade. Quando pergunto: *"Qual é o seu time? Em qual joga?"*, refiro-me a quais grupos pertence.

O primeiro grupo que você faz parte é a sua família. Nesse momento da vida somos totalmente dependentes desta relação, pois não temos condições de nos sustentar.
Depois, com o passar do tempo, nossos relacionamentos em grupo vão aumentando. Passamos a ter um grupo de amigos, a frequentar uma escola e daí temos um grupo de colegas de classe e assim por diante.

Quando conquistamos nosso primeiro trabalho, começamos também a conquistar nossa independência, ou seja, já não somos mais tão dependentes de nossa família.
E o nosso local de trabalho também é formado por um grupo de pessoas do qual fazemos parte. Você também irá frequentar algum clube com um grupo de associados, não é?

Durante toda nossa vida pertenceremos a vários grupos sociais com regras, objetivos e costumes totalmente

diferentes e, na maioria deles, estaremos nos adaptando.
Numa equipe de futebol isso não é diferente: todos os jogadores vestem a camisa do seu time e trabalham para conquistar o objetivo principal, que é vencer o campeonato. Todos compartilham do mesmo sonho, do mesmo ideal.

É importante que saiba escolher em qual time quer jogar, pois toda equipe tem seus pontos fortes e fracos.
Quando identificamos os limites e recursos do nosso time fica mais fácil enfrentarmos as ameaças de uma partida. Com isso, aproveitamos as oportunidades que surgem para conquistarmos a vitória.

Peço agora para você analisar os quatro tipos de time que disputam o campeonato da vida. Iremos falar detalhadamente de cada um deles adiante.

Você pode estar jogando no **time que joga na retranca**, que só se defende e que tenta de todas as formas sobreviver no campeonato.

Na equipe **que joga no contra-ataque**, que vive esperando uma bobeada do adversário para marcar um gol e que só se mantém nas posições medíocres do campeonato.

Naquele **que joga no ataque**, que vai para cima e marca o gol, que está em pleno crescimento, ocupando as melhores posições da tabela.

Ou então no **time que joga por completo**, tanto na defesa, quanto no meio de campo ou no ataque, e que desenvolve as melhores oportunidades para o clube e seus jogadores, pois já é um time campeão que está sempre nas finais do campeonato.

Você vai conhecer agora um pouco mais sobre os quatro tipos de times e eu pedirei para refletir sobre suas escolhas. Escolher em qual time jogamos é escolher qual será o rumo da nossa vida.
Em qual você joga?

Primeiro tipo de time: que joga na retranca

O time que joga na retranca no campeonato da vida apenas se defende, pois não tem condições técnicas para atacar.
São jogadores que apenas tentam, tentam e tentam vencer. Na realidade, tentam sobreviver no campeonato da vida.
Com esse tipo de comportamento, as derrotas são inevitáveis, pois os jogadores estão sempre despreparados e desmotivados.

O técnico do time não tem muita experiência no negócio e vive descontando sua incompetência nos outros, é um resmungão de primeira e está sempre chorando sobre o leite derramado.
Normalmente, não analisa o adversário e confia na intuição. Na hora de escalar o time para o jogo, ele sempre muda a formação na última hora, pois está com vários jogadores *"pendurados"* ou sem condições físicas para a partida.

Como ele não possui esquema tático, os jogadores ficam perdidos em campo sem saber o que fazer e acabam cometendo várias faltas, levando-os à expulsão.
É um time que sofre muitas ameaças e tem pouquíssimas oportunidades de ataque, pois sempre joga recuado.
O clube não investiu em bons jogadores, na realidade, vive *"capengando"* no campeonato da vida.

A sua torcida é formada por meia dúzia de torcedores resmungões que só vão ao campo para ficarem encostados no alambrado gritando com o técnico e, na maioria das vezes, torcendo para o time adversário.

Esse time sempre ocupará as últimas posições na tabela e fatalmente acabará rebaixado no campeonato da vida.
Provavelmente, um dia, fecharão as portas do clube!
Se você estiver jogando nesse time, tome cuidado.
Procure estudar e treinar mais para poder mudar imediatamente de time.
Só assim irá conquistar melhores oportunidades e posições.
Lembre-se: minhoca não anda com cobra e nem pintinho com gavião.
Comece a observar os bons jogadores e aprenda como eles conquistam as melhores posições na tabela do campeonato da vida.

Segundo tipo de time:
que joga no contra-ataque

O time que joga no contra-ataque é um time oportunista, pois só ataca quando o adversário dá uma bobeada.
Ele joga no contra-ataque e às vezes vence o jogo, porque explora uma falha no ataque do adversário.

Na realidade, o time adversário atacou, atacou e atacou, dominou toda a partida durante quase noventa minutos e o time do contra-ataque só estava se fingindo de *"peixe-morto"*.

Daí foi lá e *"pimba"*! Marcou o gol da vitória.
Mas esse esquema nem sempre dá certo.
Diferente do time que jogava na retranca, o time do contra-ataque às vezes ganha e às vezes perde.
O time que joga no contra-ataque se mantém no campeonato da vida ocupando posições medíocres na tabela.
É um time que continua sofrendo ameaças, mas tem algumas oportunidades de ataque.

O técnico desse time é daquele tipo "encostadão", normalmente um ex-jogador medíocre que nunca teve

experiência na posição de treinador de uma equipe, mas que, de repente, por falta de recursos do clube, acabou sendo contratado de última hora para substituir outro técnico, também medíocre, recentemente demitido.
Ele quer mostrar resultados a qualquer custo mostrando que entende do negócio, mas na realidade, só faz besteira.
Arruma confusão com os jogadores mais experientes, só escala os *"peixinhos"*, os protegidos, vive brigando com a torcida, enfim, desestabiliza o time pela sua insegurança.

A torcida deste time também é formada por *"encostadões"* iguais ao técnico. Muitas vezes são torcedores que não têm energia para motivar o time, são torcedores de final de semana, que não vestem a camisa do clube.
Ficam apenas esperando o time marcar gol para comemorar. Eles esperam em silêncio absoluto.

De vez em quando, alguém ameaça treinar um corinho que é logo abafado pelos demais. É uma torcida que torce apenas por conveniência, às vezes porque moram perto do estádio, se tivessem que se deslocar muito, talvez nem iriam torcer pelo time.

Se o time vai bem, ótimo, se vai mal, tudo bem também, já que o importante é não ser rebaixado. Esse time não é rebaixado, mas não espere que seja campeão.

Ele vai se manter jogando totalmente despercebido e no final apenas cumprirá a tabela do campeonato da vida, sem nenhum mérito, sem nenhuma conquista.

Terceiro tipo de time: que joga no ataque

O time que joga no ataque no campeonato da vida tem maiores chances de obter a vitória.

Ele é formado por jogadores que jogam para frente, mas que sabem respeitar seus adversários.
Sempre ocupam as melhores colocações na tabela, porém ainda sofrem algumas derrotas.
Essas derrotas só motivam o time a continuar melhorando.
É um time que joga com muita raça aliada à técnica e os jogadores estão sempre motivados para a partida.
O técnico do time tem experiência no negócio.
Já passou por várias equipes de futebol, quase todas vitoriosas. Ele sabe escalar o time e manter a equipe motivada, unida. Exige muito de seus jogadores no treino, na concentração e na partida.

É muito enérgico e determinado, extremamente estratégico, analisa cada detalhe do seu adversário para montar seu esquema tático. É um time que já não sofre tantas ameaças e tem boas oportunidades de vencer o campeonato.

A sua torcida é formada por torcedores que incentivam o time nas vitórias, mas quando sofrem uma derrota preferem ficar calados, sem manifestações porque confiam no time.

Esse time sempre estará nas melhores posições na tabela e sempre terá chances de disputar as finais do campeonato da vida. Como é um time que está crescendo, seus jogadores podem até ser convocados para a seleção brasileira!

Quarto tipo de time: que joga por completo

O time que joga por completo é o time que joga para ganhar o campeonato da vida, seja na defesa, no meio de campo ou no ataque. É um time coeso, unido e muito experiente que joga com estratégia, respeitando o adversário.

É formado por jogadores, vindos de outros clubes. É habilidoso, com toque de bola refinado e entrosamento coletivo. Cada jogador faz o melhor na sua posição.

Como é um time formado por estrelas, o técnico também é muito experiente e carismático, sendo vitorioso no campeonato da vida. Ele cativa os jogadores pela sua experiência e é muito criativo nas jogadas ensaiadas.

Sabe explorar o potencial de cada jogador e escalar o time certo para cada tipo de partida, administrando as oportunidades de vitória.

Extremamente visionário e motivador, esse técnico sabe como obter o melhor rendimento da sua equipe, por meio de um plano tático detalhado.

Esse time joga cada partida como se fosse a última, disputando cada ponto na tabela com muita determinação, vibrando pela conquista.

Quando ele chega neste estágio é só administrar as vitórias e investir no desenvolvimento dos seus atletas.

A torcida desse time é apaixonada pelo clube, na vitória ou na derrota, continuam torcendo, motivando o time até o último minuto do jogo.

Esse time sempre estará disputando as finais e com certeza será o grande campeão do campeonato da vida.

Já escolheu em qual time você quer jogar?

O objetivo principal deste livro é fazer você refletir sobre sua vida pessoal e profissional, por meio de uma analogia, uma comparação com o futebol.

Minha intenção não é a de provocar uma mudança repentina no seu comportamento, mas conduzi-lo a uma nova interpretação sobre os aspectos da sua vida e, com esse exercício de leitura e reflexão, transformar pequenas intenções em ações. Nossos sonhos só se concretizam quando transformamos intenções em ações.

Já está tudo pronto aí dentro do seu estádio.
Você já está com o seu time.
A torcida já está preparada.
A bola já está no centro do gramado.
Agora é com você, pode entrar!

Que tipo de jogador você é?

É muito importante termos a percepção exata do nosso tamanho. Quando digo isso me refiro *ao que realmente nós somos*, ou *acreditamos ser*.

Existem pessoas que contam conosco e muitas vezes não temos sequer a noção da nossa importância para a vida delas. Muitas vezes acreditamos que somos valiosos ou importantes demais para alguém e isso pode ser uma ilusão, algo que só existe na nossa cabeça.

Você pode estar achando que está *arrebentando* no jogo da vida, que está *driblando* todo mundo, que está fazendo as melhores jogadas, que está jogando pelo time, que está suando sua camisa e, de repente...

...você é substituído!
Entenda: ninguém é insubstituível.
A não ser que você seja o *"dono da bola"*!

E por falar em ser o *"dono da bola"*, me lembrei novamente de uma história que aconteceu comigo. Posso contar?
Na minha infância, em meados da década de 70, eu era um menino de 10 anos que adorava jogar bola na rua, mas confesso que nunca fui muito habilidoso na arte do futebol.

Quando a *"turminha da vila"* - eu me referia aos meus amigos de infância - se reunia para jogar uma *"pelada"* ou *"racha"* na rua, eu era um dos últimos a serem escolhidos.

Não sei se era por falta de habilidade com a *"pelota"* ou de entrosamento e amizade com os meninos da vila.
Eu me lembro que ficava muito tempo dentro de casa.
Na época fazia parte da turma dos *"arrumadinhos"*, sabe? Enquanto todo mundo ficava brincando na rua, se *"sujando na terra vermelha"* - como dizia minha mãe, a dona Dirce - eu estava dentro de minha casa lendo meus gibis e assistindo aos desenhos na televisão, que eram também minhas maiores paixões naquela época. Passava horas e horas a fio na frente daquela televisão que funcionava por meio de válvulas e transmitia imagens chuviscadas em preto e branco, assistindo aos desenhos da Hanna Barbera, Disney e filmes como *Jornada nas Estrelas, Viagem ao Fundo do Mar, Perdidos no Espaço*, entre outros. Lembro-me da primeira vez que vi um filme colorido, foi no final da década de 70.

O pai de um amigo meu havia comprado uma televisão colorida. Esse meu amigo convidou toda a vizinhança para vermos um daqueles filmes japoneses, o *Ultraman*.
Foi fantástico ver o *Ultraman* que antes era em preto e branco adquirir cores, o uniforme dele era prateado e vermelho e ele estava lutando com um monstro verde que soltava uma gosma azul durante a luta.
Interessante como me lembro claramente desse acontecimento. Fui um menino que saía pouco de casa. Minha mãe era muito rigorosa com essas coisas que só as mães se preocupam: limpeza e disciplina.

Hoje, agradeço a ela pela minha formação e educação.
Eu realmente devo muito aos meus pais, mas quando você é criança, não entende porque seus pais são tão exigentes.
Só quando você é pai ou mãe, entende e valoriza seus pais, é como aquela letra do Renato Russo que diz: *"Você culpa seus pais por tudo, isso é absurdo. São crianças como você"*.
Com o passar do tempo eu fui conquistando a amizade e

confiança da *"turminha da vila São Jorge"*.
Não confundam com o parque São Jorge do Corinthians, meu time do coração. Vila São Jorge é um bairro da cidade de Guarulhos, onde morava naquela época.
Eu fui passando do último a ser escolhido para o penúltimo e assim por diante, até chegar às primeiras escolhas.
Lembro-me que tinha uma bola de borracha em casa, na realidade era uma câmara de uma velha bola de futebol que um de meus tios havia me dado.

Naquela época era muito difícil você ver alguém com uma bola oficial nova, era um artigo de luxo. Normalmente, nos nossos *"rachas"* jogávamos com bolas de plástico reforçado ou de borracha. Oficial de *"capotão"*, só quando alguém aparecia com uma velha doada por algum time amador. Aí, era a festa da molecada!

Eu treinava com meu pai no quintal da minha casa, passávamos várias horas chutando aquela câmara de bola de capotão velha de um lado para o outro.
Com o passar do tempo, para vocês terem uma ideia, ela foi ficando oval, parecia mais um ovo de páscoa.

Por mais que eu pedisse uma bola de presente para o meu pai, ele fazia *"vista grossa"* e ia me enrolando e, não restando outra opção, continuávamos jogando com o nosso *"ovo de páscoa"*.
O tempo foi passando, até que um dia meu cachorro, o Totó, um vira-lata mestiço de pequinês com pinscher, resolveu morder o *"ovo de páscoa"* e lá se foi a nossa diversão doméstica.

O fato é que, com esses treinos com meu pai no quintal de minha casa, fui melhorando o meu jogo de futebol. A partir daí peguei gosto pelo *"rachão"* nos finais de semana. Montamos um timinho da nossa vila e, naquela altura do campeonato, eu até já fazia parte da equipe. Eu já estava completamente enturmado.

Estava chegando o Natal. Minha avó Ana, que havia ido nos visitar, durante o almoço me perguntou o que eu queria ganhar de presente.
Não tive nenhuma dúvida!
Sob os protestos da minha mãe e do meu pai, pedi com um sorriso de um lado ao outro no meu rosto: - *"Uma bola oficial de capotão!!!"*. Não me lembro ao certo quantos dias faltavam para o Natal. Eu só sei que demorou, demorou.

Os dias não passavam, pareciam anos e anos de interminável espera, mas enfim, no dia 24 de dezembro, devido a minha ansiedade e falta de paciência, minha avó entregou um embrulho com um formato redondo.

Eu me lembro até do papel branco com sinos dourados. Peguei aquele embrulho e desesperado rasguei o papel: o meu sonho havia se transformado em realidade.

Em minhas mãos estava a tão esperada bola oficial de capotão! Fiquei olhando aquela bola branca com gomos de couro. Estava completamente hipnotizado, pois era o melhor presente de Natal que eu havia ganhado em toda a minha vida, o melhor presente de todos os natais.

A notícia se espalhou pelo bairro: o Edson ganhou uma bola. A molecada ficou maluca! Foi marcado um *"rachão"* especial num domingo para estrear a minha bola.
Até o meu pai foi convidado para comparecer.

O jogo seria no *"buracão da Vila São Jorge"*, que era um local que ficava, literalmente, dentro de um enorme buraco causado pelas erosões de chuvas.

Nem preciso dizer que era um campo de terra vermelha batida com traves improvisadas de madeira. Fui a rigor. Não sei de onde surgiu uma camiseta branca, shorts branco

e um par de meias também brancas.
Só me lembro do *"kichute"* novo que ganhei dos meus pais.
Para quem não sabe, o *"kichute"* era uma espécie de tênis preto com formato de chuteira, muito popular na década de 70.
Era uma espécie de *"chuteira de pano"*, entende?
E lá fui eu segurando minha bola de capotão novinha em folha com aquela molecada correndo e pulando atrás de mim.

Foi realmente uma festa, um dos dias mais inesquecíveis da minha vida. Naquele dia, eu era o *"dono da bola"*.
Eu era a figura mais importante da festa!

Fui eu que coordenei a escolha dos times, nem precisa dizer que eu já estava *"escolhido"*, não é mesmo?
Naquele dia também aconteceu algo mágico. Era início de janeiro, e estava um calor insuportável, de *"rachar coco"*.

De repente, no meio da partida, começou a despencar uma chuva tropical, a famosa *"chuva com sol"*.
A molecada começou a pular na chuva, e o campo de terra vermelha virou um lamaçal.

Todo mundo derrapava na água e eu com aquela roupa inteiramente branca, parecendo um jogador do Santos, só pensava no que a mãe ia dizer quando chegasse em casa.
Mas aquela cena da molecada se divertindo era irresistível e eu acabei entrando *"na onda"*, ou melhor, na lama.
Havia sido uma espécie de *"batizado"* para minha bola, meu *"kichute"* e aquele ridículo uniforme branco.

Era como estourar um champanhe num casco de navio na sua viagem inaugural. Quando cheguei em casa, minha mãe já estava me esperando toda preocupada. Até achei que ia levar uns tapas, mas ficou só na bronca.

Lembro-me que ela estava assando um frango no forno e

preparando o molho para uma deliciosa macarronada.
Depois almoçamos em família e eu contei entusiasmado como havia sido esse jogo histórico.
Ainda hoje eu me lembro com muita emoção desse dia, porque ficou tudo registrado na minha memória como um filme em câmera lenta.
É uma sensação gostosa de se lembrar...
...A chuva caindo, as derrapadas e deslizes na lama do campo, as risadas, as brincadeiras, o almoço com meus pais...
...E eu fui o *"dono da bola"*!

No mundo do futebol, existem algumas expressões que definem de maneira divertida e criativa o estilo de comportamento de alguns jogadores.
Se um jogador reclama muito, dizemos que é um *"chorão"*.

Existe uma frase famosa de Oscar Wilde que diz:

"A vida imita a arte, muito mais do que a arte imita a vida".
Peço uma licença ao Sr. Wilde para adaptar uma pequena mudança muito apropriada neste momento, ficando assim:
"A vida imita o futebol, muito mais do que o futebol imita a vida".

Desse modo, apresento a você alguns arquétipos de aspectos negativos de jogadores que são: o *"chorão"*, o *"arranca toco"*, o *"pipoqueiro"*, o *"pé torto"*, o *"pé murcho"* e o *"salto alto"*.

Peço para que analise se conhece alguém com essas características. Pode até ser que se identifique com algum desses comportamentos negativos.
O importante é ter senso crítico e procurar melhorar sempre. Afinal, que tipo de jogador você é?

Arquétipos de aspectos negativos dos jogadores: conheça esses rivais!

Primeiro arquétipo: o "chorão"

É o tipo de jogador que vive resmungando, só reclama da vida. Para ele as coisas estão sempre ruins, é pessimista. Está sempre jogando sua incompetência para cima dos outros. Ele adora dar um tapinha e sair correndo, pois provoca as situações, mas não sustenta sua posição.

É o primeiro a falar mal de alguém pelas costas e o primeiro a negar que falou, caso seja pressionado. Gosta de chamar a atenção para si, é o típico *"coitadinho de mim"*. Vive reclamando com o juiz, mesmo sem ter motivos e, por isso, é o primeiro que toma cartão amarelo.

Está sempre *"pendurado"*, acumula advertências e acaba sendo expulso. Também adora uma *"panelinha"*: fazer fofocas e falar mal dos outros é a sua maior especialidade.

É um sabotador que adora fazer intrigas no grupo. Gosta de tirar um sarro, mas não gosta que os outros brinquem com ele. Como sabe manipular as situações, é um verdadeiro chantagista emocional.

Segundo arquétipo:
o "arranca toco"

O *"arranca toco"* é pura força bruta, é aquele jogador do tipo *"pau para toda obra"*, ele é direto, objetivo e não perde tempo com detalhes. O negócio dele é arrebentar!
Esse jogador é um verdadeiro rolo compressor que passa por cima de todo mundo, ele gosta é de dominar a situação, se estiver na sua frente, tome cuidado, pois irá mirar direto na sua canela, mas vai errar e irá direto para o pescoço.

Conquista tudo na vida na base da força bruta, porque não tem habilidade. Conversar com ele? Nem pensar! Não sabe ouvir e muito menos dialogar, o negócio dele é massacrar, passar por cima, *"arrastar o tapete"*, entende?
Gosta de intimidar os outros, é daquele tipo que fica te encarando e até provoca sua reação.

Na hora da briga é o *"valentão"* e é até capaz de pagar para entrar numa discussão. Se você bobear na frente dele é *"carrinho"* na certa, pode chamar a maca.
E ele vai levantar a grama com as cravas da chuteira, além de deixar sua canela também marcada.

Esse jogador, na maioria das vezes nem é advertido: já toma direto um cartão vermelho! Não perca tempo em dar explicações a ele porque o *"arranca toco"* não tem paciência nenhuma, só pensa nele.

Terceiro arquétipo: o "pipoqueiro"

Já conheceu alguém que na hora em que você mais precisa, simplesmente desaparece?
Ah! Esse é o *"pipoqueiro"*.

É um jogador super carismático, cheio de alegria, sempre animado, mas é fachada. Ele é um *"interesseiro"*, porque só irá fazer algo quando tiver interesse.

Você pode convidá-lo para tomar um chopinho que sempre estará presente, mesmo num Dia de Finados chuvoso.
Churrasquinho então, ele se convida sozinho, mas não conte com ele na hora de *"rachar"* as despesas.
Se você bobear, sai de fininho, sem pagar a conta!

É o *"rei da rodinha"*, muito bate-papo, sorridente, bem-humorado, cheio de piadinhas fáceis, sempre com segundas intenções. Contudo, basta pedir para ele te ajudar que some, a não ser que prometa algo em troca.

Enfim, não é digno da sua confiança.

É *"liso como peixe"*. Sempre tem uma desculpinha fajuta e é *"cara-de-pau"* para desconversar. É *"braço curto"*, não se esforça para nada, gosta de ficar na boa, de curtir a vida.
Na hora da decisão, ele tira o pé da jogada e deixa o

outro time fazer gol, às vezes marca até gol contra.
Não se dedica ao grupo, pensa somente no seu umbigo.
E pode ter certeza: na hora que mais precisar dele, irá furar.
Será que vale a pena deixar esse jogador cobrar um pênalti na final do campeonato?

Quarto arquétipo: o "pé torto"

Esse jogador vive errando os passes.
Só comete erros no campeonato da vida.
O pior é que ele não aprende, pois persiste no erro e insiste no fracasso.
Toda vez faz *"burrada"* no jogo, é o típico azarado.
Você pode tocar a bola *"redondinha"*, entregar a jogada de *"mão beijada"* ou deixar o gol *"escancarado"* que chuta fora.
É incrível! Evite fazer negócios com um *"pé torto"*, ele arrisca tudo e sempre acaba *"pisando na bola"*, pois faz quase tudo pela metade e não termina nada que começa.
Horário então, não é com ele.
Está sempre atrasado e com pressa.
Faz tudo rapidinho, rapidinho e nada bem feito.
Ele não cuida das suas coisas e sempre acaba perdendo as próprias chuteiras.

O pior é que o *"pé torto"* não admite que está errado e vive se justificando e ainda fica extremamente irritado se você falar que ele errou. É totalmente desajeitado, é o verdadeiro azarado. Nada para ele dá certo, porque acaba se afastando das pessoas e das oportunidades.
Ou melhor, são as pessoas e as oportunidades que se afastam dele, não é mesmo?

Quinto arquétipo: o "pé murcho"

Esse jogador não tem energia, não tem força, está sempre desanimado e com *"cara de travesseiro"*.
Vive reclamando e resmungando pelos cantos, mas não incomoda ninguém, pois está quase sempre dormindo.
Como não sabe dizer não para ninguém, vive infeliz.
Se acha a maior vítima do mundo, pois pensa que o mundo é injusto com ele.
É do tipo *"caladão"*, que não tem voz para nada e dificilmente emite uma opinião.
Por isso, é um ótimo ouvinte, mas não tem qualidade para se expressar.
É totalmente passivo e vive esperando pelas oportunidades que quase nunca aparecem.
Não atrapalha, mas também não ajuda, é uma *"múmia"*

que vive das migalhas dos outros.
Costuma *"amarelar"* nas decisões importantes, porque prefere não participar.
Evita conflitos e está sempre sendo explorado pelos outros jogadores.
Não tem atitude, fica sempre em posição de espera.
É facilmente dominado: todo mundo rouba a bola dele com muita facilidade e ele nem reage.
Se houver um conflito, será o primeiro a fugir, pois é muito inseguro. O *"pé murcho"* está sempre olhando para você com aquela cara de *"pidonho"*, implorando alguma atenção, pois é totalmente carente.

Sexto arquétipo: o "salto alto"

É o *"rei do pedaço"*, muito vaidoso e um exímio contador de vantagens, o jogador *"salto alto"* só tem tamanho e sem-vergonhice. Ele se acha a *"última bolacha do pacote"*.
Chega falando alto, chamando a atenção de todos.
Não deixa ninguém falar, é um exibido, só as ideias dele valem e é um péssimo ouvinte.
Tudo o que ele é, tem ou faz é melhor do que os outros. Ele sempre tenta tirar vantagem nos assuntos.

Não divide as jogadas com ninguém.
É um charlatão que engana todo mundo, diz que é formado mas não é, diz que tem currículo mas não tem.
Ele é um arrogante e não valoriza os outros.
Gosta de aparecer e dominar as situações, porém na hora de mostrar serviço, acaba mostrando quem realmente é e daí decepciona a todos, pois só tem pose!

O jogador assertivo: a melhor forma de vencer o jogo!

É muito comum no nosso dia a dia encontrarmos esses tipos de jogadores manipuladores como o *"chorão"*, o *"arranca toco"*, o *"pipoqueiro"*, o *"pé torto"*, o *"pé murcho"* e o *"salto alto"* que têm facilidade de chantagear e provocar reações negativas nos ambientes pessoais e profissionais.

São jogadores que se utilizam de *"chantagens emocionais"*, sendo especialistas na arte de deixar os outros com um sentimento de culpa e em situação desconfortável.
Normalmente, os manipuladores ou *"chantagistas emocionais"* utilizam de críticas destrutivas e frases negativas recheadas da palavra *"não"*:

"Quando me convidou para tomar um chopinho com você eu fui, não fui? Agora você não vai quebrar o meu galho? Você não tem jeito. Quantas vezes eu já disse para não agir assim. Você não é legal comigo! Assim não tem jeito, não vai fazer isso para mim? Quantas vezes te ajudei, não foi?"

Fazendo um papel de vítima frágil, o jogador manipulador quase sempre conquista seus objetivos.
Ele escolhe o momento certo, quando estamos despreparados e em ambientes desfavoráveis.
Como podemos *"quebrar"* esta manipulação?

A resposta é a *assertividade*. Ser um jogador assertivo é saber expor suas opiniões com sinceridade, sem nenhuma passividade ou agressão, respeitando profundamente seus sentimentos, sem constrangimentos.
É importante entender que saber transmitir sua opinião não significa abafar a opinião do outro.

Existem técnicas para ter mais assertividade e agir de forma equilibrada nas situações de manipulação ou agressividade. O bom jogador precisa ser confiante e assertivo. Um dos recursos básicos para exercitar assertividade é a *"técnica da neblina"*.

Imagine-se diante de uma densa neblina.
A primeira impressão chega a ser assustadora.
Parecemos estar diante de uma parede branca e intransponível.
Felizmente, é só a aparência que assusta, pois quando atravessamos a neblina percebemos que ela não nos oferece a mínima resistência. Ou seja, a neblina não se opõe à nossa passagem, simplesmente se deixa atravessar.

Desse modo age o bom jogador, o jogador assertivo.
Ele sabe que, ao receber uma crítica ou perceber que está sendo manipulado, o melhor a fazer é simplesmente não resistir, pois uma reação contrária levará ao *"bate-boca"* desnecessário, deixando as emoções à flor da pele.

O objetivo é não negar a crítica, não se defender, nem tampouco querer se justificar. Também é compreender a crítica e isso não significa concordar ou aceitá-la.
Para ilustrar, vamos voltar àquelas frases negativas exemplificadas anteriormente e agora aplicaremos respostas assertivas utilizando a técnica da neblina.

O manipulador diz *"Quando você me convidou para tomar um chopinho com você, eu fui. Não fui? Agora você não vai* quebrar o meu galho?" e o jogador assertivo diz *"Talvez eu pudesse quebrar o seu galho e com certeza merece isso. Será numa outra oportunidade".*

O manipulador diz *"Você não tem jeito. Quantas vezes eu já disse para não agir assim. Você não é legal comigo!"* e o jogador assertivo diz *"Respeito sua opinião, compreendo seu ponto de vista sobre o assunto e prometo pensar nas suas palavras".*

O manipulador diz *"Assim não tem jeito, você não vai fazer isso para mim? Quantas vezes já te ajudei, não foi?"* e o jogador assertivo diz *"Talvez tenha razão e merece meu reconhecimento, porém neste momento estou impossibilitado. Posso fazer isso amanhã pela manhã, tudo bem?"*

Como está agindo com a *"técnica da neblina"*, a maneira como responde não deixa vestígios, você mostra que respeita e considera a opinião do outro, mas sem concordar ou aceitar.

Outra técnica para exercitar a assertividade é a técnica do disco riscado e é um recurso muito interessante, pois simplesmente visa repetir as frases utilizadas inicialmente pelo manipulador, não discordando e em seguida colocar seu ponto de vista sobre o assunto. O objetivo é fazer, através do exercício da repetição, uma reafirmação do que você deseja obter como resultado final, com muita tolerância e paciência.

Vamos usar a mesma frase negativa para ilustrar uma resposta assertiva utilizando a técnica do disco riscado. O manipulador diz *"Você não tem jeito. Quantas vezes eu já disse para você não agir assim. Você não é legal comigo!"* e o jogador assertivo diz *"Eu não tenho jeito mesmo, você sempre fala para eu não agir assim. Espero que compreenda, esse é o jeito de expressar minhas opiniões".*

Ou seja, na primeira frase você simplesmente reafirma tudo, repetindo o que foi dito pelo manipulador, depois complementa com seu posicionamento.
Vá repetindo isso quantas vezes forem necessárias, ao fazer isso não está discordando da opinião do outro e consegue colocar a sua posição sem passividade ou agressão.

Deseja sair daquela situação onde um vendedor pegajoso não desgruda, oferecendo um produto que não precisa?
É só afirmar que existe uma possibilidade futura e que reconhece o valor do produto, mas que não tem interesse no momento, repetindo sua opinião. O objetivo é vencer pela desistência do outro. Utilize algo do tipo *"Você tem toda a razão, esse produto é muito bom e no momento oportuno irei entrar em contato"*.

Na primeira parte da frase foi utilizada a técnica da neblina, que acata a informação do vendedor, reconhecendo o valor do produto. Na segunda parte da frase que diz *"no momento oportuno eu irei entrar em contato com você"*, você pode utilizar a técnica do disco riscado sempre que necessário, pois com certeza o vendedor continuará tentando impor a venda.

O essencial é que você mantenha sua opinião, sem desistir.
É importante colocar também seu *"toque pessoal"*, que é a sua marca, seu estilo de ser, para que os manipuladores e agressivos se sintam intimidados com seu posicionamento direto e franco, fazendo com que pensem duas vezes antes de incomodá-lo.

Novamente no exemplo da frase negativa *"Você não tem jeito. Quantas vezes eu já disse para você não agir assim. Você não é legal comigo!"*, poderá agora colocar seu toque pessoal ao dizer algo do tipo *"Eu não tenho jeito mesmo, você sempre fala para eu não agir assim. Esse é o jeito*

de expressar minhas opiniões. Defendo o que acredito".
A parte final da frase com *"eu defendo aquilo que eu acredito"* foi acrescentada para ilustrar o toque pessoal ou sua informação pessoal. É uma maneira de complementar seu posicionamento, mostrando aquilo que você realmente pensa sobre o assunto. Na realidade, apenas defende aquilo que acredita ser o melhor para si, não é?

Também pode utilizar uma pergunta negativa no final da frase para se posicionar diante do manipulador, ficando dessa maneira *"Eu não tenho jeito mesmo, você sempre fala para eu não agir assim. Esse é o jeito de expressar minhas opiniões. Defendo aquilo que acredito e como poderia esperar outra atitude minha?"*

Quando você se expressa assim, rebate de modo direto a colocação do outro que diz que você *"não é legal"*, fazendo ele se questionar sobre o motivo de ter falado aquilo.
É quase como se você dissesse para ele: *"Para mim, o que importa é defender aquilo que eu acredito. Não espere outra atitude minha!"* rebatendo o rótulo de *"você não é legal",* sem causar danos na comunicação.

Outra forma de se posicionar seria utilizar uma afirmação negativa logo no início e depois no final da frase, ficando assim *"Eu posso até parecer que não sou legal, não é? Apenas gosto de defender aquilo que eu acredito. Existem muitas pessoas que defendem suas convicções, não é?"*

A afirmação negativa é muito parecida com o recurso da pergunta negativa, porém a afirmação negativa é mais sutil, mais leve. Não é tão direta e incisiva quanto uma pergunta negativa. Uma técnica que gosto de utilizar é um *mix* dos recursos apresentados anteriormente, ao qual intitulei neste livro de *"técnica dos 3 toques de classe"*.

Os 3 toques de classe

É uma técnica de assertividade que une as técnicas da neblina, toque pessoal e afirmação negativa, muito utilizada para construções de frases assertivas.
Exemplificarei uma situação comum hoje: o cliente passa um projeto com prazo curtíssimo ao fornecedor, exigindo *"atendimento vip e qualidade total"* na entrega do serviço.
Contudo, o cliente não passa as informações necessárias para a execução do projeto contratado e ainda por cima não poderá acompanhar o processo, delegando toda a supervisão ao seu *"braço direito"*, um funcionário de sua confiança, pois sairá para uma merecida viagem de férias.

Quando volta da viagem e recebe o serviço do fornecedor pelas mãos do seu funcionário *"braço direito"*, constata que o resultado não ficou do seu agrado.
Nesse momento, totalmente intolerante e agressivo, liga direta e imediatamente ao fornecedor, descarregando seu descontentamento com a seguinte frase:
*"Mas que m**** de serviço prestado, hein? Você poderia ter me dado mais atenção, afinal sou seu melhor cliente, não é mesmo?".*

Utilizando-se da técnica dos três toques de classe, o fornecedor poderá responder desta maneira:

"Você tem toda a razão e, com certeza, merece toda minha atenção pois é o meu melhor cliente (neblina). Na minha avaliação, fizemos o melhor possível pelo tempo que tivemos e tudo foi supervisionado diretamente pelo seu funcionário de confiança que aprovou a entrega. Na minha opinião, se tivéssemos mais tempo para executar o serviço, com as devidas informações e com a sua supervisão direta, o resultado teria sido excelente, como sempre prezamos (toque pessoal). Não é mesmo? (afirmação negativa)".

Será que algum cliente rebaterá um argumento dessa categoria? O segredo é manter a postura, a serenidade e, principalmente, a autoconfiança.

É entender que para ser posicionado não há necessidade de agressividade, sendo um jogador assertivo.
Se você praticar estas técnicas perceberá que não precisará impor seu posicionamento, apenas se posicionar construtivamente.

A assertividade é o comportamento que torna qualquer jogador do jogo da vida capaz de agir em função dos seus próprios interesses, se autoafirmando sem ansiedades indevidas, expressando com sinceridade seus sentimentos sem nenhum constrangimento e, principalmente, exercitando seus direitos sem negar os alheios.

O "craque"

O *"craque"* ou o *"fera"* no futebol é aquele tipo de jogador que todo torcedor admira.
Tem *conhecimento*, *habilidade* e *atitude*, a essência da COMPETÊNCIA de um líder nato.

Todos nós podemos romper a barreira da mesmice.
Nós podemos acreditar que somos capazes de superar nossos limites, que temos a capacidade de aperfeiçoar nossas habilidades e termos atitudes positivas diante das adversidades no campeonato da vida.

Toda escolha é uma renúncia, e quando escolhemos LIDERAR, renunciamos a mesmice.

Ser líder é ter o controle de suas emoções, é perceber o outro, é ser um jogador assertivo no campeonato da vida.
Ser líder, assim como o jogador *"craque"*, é saber enfrentar

os desafios tendo consciência de seus limites e, ao mesmo tempo, rompê-los com determinação e coragem, pois liderar é, acima de tudo, o ato de equilibrar atitude e autoridade.
É servir por meio do exemplo e da humildade, liderando a si mesmo para depois liderar os outros.

O bom jogador é aquele que *"dá o sangue"* na partida e que *"molha a camisa"* pelo clube, é aquele gera RESULTADOS POSITIVOS para sua equipe e para sua torcida.
Seja um "fera" no campeonato da vida!

Qual é a sua seleção?

Agora que já sabe o que é ser um jogador *"fera"* no campeonato da vida, pedirei para fazer outro exercício mental. Coloque-se numa posição confortável, que pode ser sentado ou deitado.

Procure ficar bem relaxado, descruze as pernas e os braços e observe por um tempo como está a sua respiração natural. Vá relaxando totalmente o corpo. Uma maneira de fazer isso, de forma consciente, é iniciar pelos dedos dos pés.

Relaxe cada um deles e, depois, vá subindo pelas pernas, pelo tronco, braços, até atingir o topo de sua cabeça. Relaxe, inclusive, os músculos do rosto, lábios, olhos, relaxe seu pescoço, até chegar no seu couro cabeludo.

Quando se sentir relaxado, inspire profunda e lentamente o ar pelas narinas, de modo consciente.
Sinta o ar invadir seus pulmões e, tranquilamente, procure segurá-lo por alguns segundos na região entre o seu peito e a sua garganta. Faça isso de uma maneira consciente e procure segurar o ar nessa região pelo tempo que lhe for confortável.

Antes de soltá-lo, com seu polegar direito, bloqueie sua narina direita e, lentamente, vá soltando o ar somente pela sua narina esquerda. Feito isso, novamente inspire profunda e lentamente pelas duas narinas.
Segure o ar na região entre o peito e a garganta e, desta vez, inverta o processo. Com seu polegar esquerdo, bloqueie sua narina esquerda e solte o ar lentamente pela narina direita. Repita este exercício pelo menos por dez vezes seguidas.

Vá repetindo as respirações de um modo consciente e pausado, sem pressa, pode ser com os olhos abertos ou fechados, se quiser coloque uma música bem tranquila para auxiliar no relaxamento. Depois retome a leitura.
Terminou o exercício?

O que você fez é um exercício para equilibrar seu lado racional com o emocional, portanto, todas as vezes que você se sentir com estresse ou agitação, faça esse exercício. Ele irá auxiliá-lo a relaxar e revigorar as forças mentais, deixando sua mente mais limpa e harmonizada.

Com o tempo, vá introduzindo mentalmente algumas imagens ou mensagens positivas como *"eu posso, eu sou capaz, eu mereço"* juntamente com o exercício.
Enquanto estiver respirando com os olhos fechados, vá mentalizando uma luz branca e intensa que, aos poucos, preenche todo o escuro. Junto com ela mentalmente introduza pensamentos positivos como *"eu me amo e me aceito como sou"* ou *"eu sou capaz, tudo o que preciso está dentro de mim"*. Crie seu próprio comando mental.

O importante é que você faça isso com muita convicção e de modo consciente e pausado, sem pressa.
Agora que você já harmonizou e equilibrou seu lado racional com o emocional, vamos montar uma seleção de

futebol especial, uma equipe formada apenas por jogadores que você julga serem *"craques"* no campeonato da vida.

Identifique qual é a sua seleção. Procure escolher 11 pessoas que você admira muito. Podem ser próximas de você, como seus familiares, amigos, ou até pessoas do seu local de trabalho.

E também podem ser pessoas que admira como jogadores famosos de futebol, artistas, escritores, empresários, enfim, quem considere como um jogador *"craque"* em qualquer área de atuação.

Monte sua seleção, seu *"dream team"*, o time que acredita ser sua referência de sucesso.

A partir de agora, com esse time montado, memorize cada rosto e olhe diretamente nos olhos destes vencedores, destes campeões da vida. Eles estão convidando você para fazer parte deste time? Então, junte-se a eles e marque o gol da vitória!

O banco de reservas

Qual jogador gosta de ficar no banco de reservas?
Existem os que insistem em ficar nele enquanto outros disputam as partidas importantes no campeonato da vida. Ficam lá, encolhidos no banco apenas torcendo pelos outros jogadores e ainda dizem:

"Esse banco tá duro... Mas eu vou ficar esperando sentado assim mesmo".

Pergunto para você:

"Por que algumas pessoas conseguem ser vitoriosas no campeonato da vida? Como obter o sucesso pessoal e profissional? Qual é o segredo do sucesso?"

O segredo do sucesso já foi amplamente dissertado em inúmeros livros e eu cheguei a seguinte conclusão:
O sucesso está intimamente ligado com a nossa percepção de felicidade!

Eu poderia ficar escrevendo horas e horas sobre este assunto, pois existem inúmeras citações sobre o tema.
Farei uma pergunta e pedirei para você refletir por alguns minutos antes de prosseguir com a leitura.

A pergunta é essa: *você é feliz?*
Já pensou sobre sua felicidade ou o que é ser feliz?
Então, farei você pensar um pouco mais no assunto.
Vou ensiná-lo a aprender pensando.

Reflita sobre isso também:
Todas as pessoas que têm sucesso na vida são felizes?
Aquele jogador que tem mansão, *"carrão"* importado, perante a sociedade capitalista, pode até ser um homem bem-sucedido no campeonato da vida, não é?
Mas pode ser que ele não seja *completamente feliz* quando se apega ao que é *ilusório* ou *material*, pois tudo na nossa vida é um empréstimo divino, não nos pertence. Felicidade é um estado de espírito, isto é, que está dentro de nós. FELICIDADE NÃO É TER, FELICIDADE É SER.

Nesse momento cito uma frase de Dale Carnegie, autor do livro *"Como Fazer Amigos e Influenciar Pessoas"*:
"Sucesso é conquistar aquilo que quer. Felicidade é querer aquilo que conquista".
Se almeja conquistar algo por pura ambição, infalivelmente terá sucesso, mas poderá não ser feliz, pois sempre vai querer mais e mais.

Você precisa entender que apenas *conquistar por conquistar* não fará com que você seja feliz, pois o ser humano é o único animal na face da terra que é egoísta, vaidoso e ambicioso. Você vai querer TER sempre mais, não se contentará em sobreviver ou obter o necessário para a sobrevivência. Essa é a essência do EGOÍSMO. Egoísmo é quando só pensa em si mesmo.
Para ser feliz você precisa transformar o egoísmo em ALTRUÍSMO, que é exatamente o contrário.
Altruísmo é *"colocar-se à disposição dos outros"*, é *"estar disposto"*, aberto para se dedicar aos outros, ajudando incondicionalmente.

Quando auxiliamos também somos ajudados, essa é a lei. Lembra-se do trecho da oração de São Francisco, que diz: *"É dando que se recebe"*?

Se você deseja conquistar um troféu, deve acreditar e fazer por merecer, mas deve, acima de tudo, ser um altruísta, que pensa e ajuda os outros jogadores. Em primeiro lugar, elimine do seu pensamento qualquer reflexo de egoísmo, vaidade ou ambição antes de sair em busca do seu sonho, do troféu maior.

O seu sonho deve ser bom não apenas para você, mas também para as pessoas que cercam sua vida, seus familiares, seus amigos e se, possível, a comunidade, a cidade e, porque não, o Brasil?

Trabalhe para conquistar esse troféu sem passar por cima dos outros que estão no seu caminho. Ao contrário, faça com que os outros participem desse processo, envolvendo o maior número de pessoas.

Crie *torcedores fiéis* que o ajudarão nos momentos difíceis durante o campeonato da vida. Vá ajudando mais e mais pessoas, transformando-as também em seus torcedores, multiplicando seus relacionamentos.

Durante o campeonato da vida você irá aprender e ensinar, irá dividir experiências, será mestre e aprendiz, treinador e jogador. Respeite o tempo dos outros, não tente colocar o seu sonho acima da realidade.
Tudo tem um tempo certo para acontecer.

Ninguém vence um campeonato no meio do campeonato! Respeite seu sonho, respeite os outros, faça por merecer e quando conquistar o troféu do campeonato, você e toda a sua torcida serão felizes!

Guarde estas sábias palavras do Dalai Lama:
"*Determinação, coragem e autoconfiança são fatores decisivos para o sucesso. Se estamos possuídos por uma inabalável determinação conseguiremos superá-los. Independentemente das circunstâncias, devemos ser sempre humildes, recatados e despidos de orgulho.*"

Saia do banco de reservas e vá disputar o jogo da vida. Você poderá conquistar o campeonato e ser feliz porque merece.
E lembre-se: a felicidade está dentro de você!

O gandula

O gandula, no futebol, é aquele que devolve as bolas para os jogadores quando elas saem das quatro marcas que delimitam o campo.
Essa expressão *"gandula"* vem de um jogador do Vasco da Gama, clube do Rio de Janeiro.
Era um atacante argentino chamado Bernardo Gandulla, que havia sido contratado no ano de 1939.
Como o jogador não se adaptava ao time, acabou ficando *"encostado"* no banco de reservas.

Para não se sentir inútil, todas as vezes que a bola da partida saía do campo, ele se levantava do banco de reservas e corria para pegá-la, entregando aos jogadores.
Ele acabou se tornando uma figura simpática junto à torcida vascaína, porém nunca foi um titular do time.
Quando se desligou do time, seu sobrenome acabou sendo utilizado para designar os atuais gandulas.

A função de um gandula é importante, pois auxilia os jogadores na hora da reposição de bola.
O gandula não participa da partida, ou seja, não pode jogar e muito menos torcer, mas precisa fazer um bom trabalho para que o jogo possa prosseguir.
É uma figura carismática no futebol, porém como nos arquétipos negativos dos jogadores, temos aqui também a figura negativa do *"gandula que faz cera"* que, ao invés de ajudar, acaba atrapalhando a partida, segurando a bola propositadamente e, por isso, sempre é advertido.
Existem algumas pessoas que também acabam atrapalhando o jogo da vida, ficam *"fazendo cera"* e ainda por cima não se interessam por nada, apenas fazem o que os outros mandam:

"Ah! Me mandaram fazer isso e eu estou fazendo!"
É tudo muito robótico, monótono como aquele filme *"Tempos Modernos"* do Charles Chaplin, no qual o personagem Carlitos, literalmente, é engolido pelos mecanismos e engrenagens de uma indústria, após trabalhar o dia todo apertando parafusos numa linha de montagem.
São pessoas que acabam, por algum motivo, se acomodando com as suas funções, e que normalmente não investem na sua carreira.
Elas vão simplesmente vivendo e deixando o tempo passar até o campeonato da vida terminar.
Preferem continuar na mesmice.
E você? Está *"fazendo cera"* no campeonato da vida?

Entrando de carrinho nas jogadas!

Como já disse anteriormente, existem jogadores que não têm técnica nem habilidade para disputar o campeonato da vida.
Lembra-se do jogador *"arranca toco"*?
Aquele que arrebenta suas canelas quando você está fazendo uma jogada brilhante?

No campeonato da vida é assim: tem muito jogador querendo te arrebentar.
Basta bobear na frente dele e pronto!
Ele vai passar uma rasteira em você.
São pessoas com o menor respeito pelo ser humano.
E você? Está entrando de carrinho na jogada dos outros?

Faça uma reflexão e reveja sua vida, pois não há necessidade de deixarmos uma marca negativa no campeonato da vida.
Existem boas oportunidades para todos os jogadores no campeonato da vida, porém todos devem jogar a sua partida com muita lealdade e respeito, conquistando seu espaço no campo sem prejudicar a jogada dos outros.
Lembre-se: o bom jogador é aquele que respeita os seus adversários e segue as regras do campeonato da vida.

Recebendo o cartão amarelo

Se você não seguir as regras do campeonato da vida, será advertido com um cartão amarelo.
O cartão amarelo teve sua origem na Copa do Mundo de 1970, no México, devido aos problemas de comunicação entre o árbitro e os jogadores *"chorões" d*aquela época. Será que você pensou que os *"chorões"* são uma exclusividade da nossa época? Enganou-se...

Os *"chorões"* existem desde os primórdios dos tempos!
O primeiro jogador a receber um cartão amarelo na Copa de 70 foi Lee, da seleção da Inglaterra.
Eu não gostaria de ser famoso por isso, e você?

No campeonato da vida, muitas vezes somos advertidos ou recebemos um *"feedback"* de alguém.
No meio corporativo é comum ouvirmos o termo *feedback*. Normalmente, o *feedback* é uma conversa entre líder e liderado, que visa uma avaliação, uma análise sobre erros e acertos, pontos fortes e fracos do subordinado.
A palavra *feedback* tem origem inglesa e não possui uma tradução fidedigna ao português, algumas fontes de pesquisa indicam que em português teríamos algo parecido com *"retroalimentação"* ou *"realimentação"*, mas eu a interpreto como se fosse um retorno da ação, por meio da comunicação.

Como especialista em comunicação, costumo dizer que, no processo da comunicação, *feedback* é o *retorno de um sinal emitido pelo emissor ao receptor*.
É como se fosse o resultado da comunicação. Imagine que está numa ilha deserta e precisa emitir um pedido de socorro. Você faz uma fogueira que será a emissão do seu sinal. Se um avião estiver passando e avistar a fogueira, recebeu seu sinal, ou seja, ele é o receptor.

Porém, o seu *feedback* só acontecerá se ele realmente entender o que significa sua fogueira e vier ao seu encontro para salvá-lo.

O que acontece, na maioria das vezes, é que sua comunicação não atinge o resultado esperado e você não tem *feedback*, não tem *"retorno"* da sua comunicação.
Feedback consiste em prover uma informação ao subordinado sobre seu desempenho profissional com o objetivo de ajustar alguns comportamentos negativos, estimular ações positivas, orientar novos procedimentos, enfim, dar um parecer ao liderado sobre o seu dia a dia na empresa.

Pelo *feedback*, um liderado obtém uma maior percepção das suas competências, pois adquire informações sobre como seu trabalho está sendo desenvolvido, quais são os pontos que precisa melhorar e quais estão satisfatórios e como ele é visto pelo líder. É muito importante que um líder saiba como passar um *feedback* a um liderado.
Entenda que *feedback* não é um desabafo.

Não é um momento para expressar seus descontentamentos ou insatisfações pessoais, um líder deve manter-se equilibrado e saber expressar criticamente seu ponto de vista, sempre pelo lado profissional.

Se você pensa que dar um *feedback* é desabafar seus descontentamentos em relação ao seu liderado, pode parar. *Feedback* não é uma forma de mostrar como é superior ao outro e sim como você divide suas experiências, mostrando seu modo de agir e pensar, acrescentando opiniões construtivas.

É muito importante saber dar e também receber o *feedback*, aliás é importante que até o peça às vezes, para poder ter uma opinião sobre seu rendimento profissional.

Ao dar e receber *feedback*, pense e visualize uma escada. Essa escada é apenas utilizada para subir, na ascendente, ela não serve para descer.
Quando você dá um *feedback* e tem a visão dessa escada que apenas sobe, faz com que a pessoa recebendo o *feedback* se sinta valorizada.

Ao dar um *feedback* é importante que descreva a situação com detalhes, explicando os efeitos causados no ambiente sobre o seu ponto de vista profissional.
Quando a pessoa que estiver recebendo seu *feedback* intervir por algum motivo, pare e ouça atentamente.

Esclareça as dúvidas caso surjam, dê sugestões para melhorias e, no final, estimule de maneira positiva, reconhecendo também os pontos fortes dessa pessoa.
Ao receber um *feedback*, ouça sem interromper.
Evite discutir ou ficar na defensiva, ao invés disso, pergunte para obter entendimento.
É importante ouvirmos a opinião de uma outra pessoa sobre nossos comportamentos e atitudes.

O nosso crescimento profissional está intrinsecamente ligado com a capacidade de lidarmos com as diferentes opiniões e com as adversidades do mundo corporativo.
Você já deve ter ouvido aquela frase que diz: *"o que seria do azul se todo mundo gostasse do vermelho?"*

As diferenças de opiniões sempre existiram e continuarão existindo enquanto o ser humano estiver no mundo, por isso, é importante saber ouvir e saber se comunicar com qualidade.
E saber dar e receber *feedbacks* é uma poderosa ferramenta para estreitarmos relacionamentos pessoais e profissionais e, como a própria origem da palavra nos orienta, realimentarmos nossas percepções, expressando nossas opiniões de uma maneira construtiva e profissional.

É importante que tenhamos consciência de que a advertência é um sinal de que não estamos cumprindo com as regras do jogo.
É uma espécie de sinal para que você preste mais atenção!

Recebendo o cartão vermelho

Quando você não cumpre com as regras do jogo no campeonato da vida, é advertido com o cartão amarelo. Depois, se continuar persistindo nos erros, transgredindo as normas, fatalmente receberá um cartão vermelho.
Quando recebe um cartão vermelho no campeonato da vida, fica sem jogar, sem participar das melhores partidas e um outro jogador poderá, inclusive, ocupar o seu lugar nos momentos mais decisivos.

Quantas vezes você já recebeu um cartão vermelho no jogo da vida? O que você pode fazer para evitar o cartão vermelho?

A derrota

"Esse jogo poderia ter sido diferente..."
Quando você for derrotado em alguma partida no campeonato, pense assim:
"É preferível perder uma partida do que o campeonato!"
Toda derrota é uma lição na qual você pode aprender muito com seus erros e não deve ser encarada como um fracasso definitivo, devemos aceitá-la como um sinal de que somos humanos e, às vezes, falhamos.

O que não pode acontecer é nos acostumarmos com as derrotas: você deve superar, com garra, raça e seguir em frente. Lembre-se da história do time que estava na *"lanterna"* e foi subindo, subindo e superou seus limites, chegando à conquista do campeonato. É aí que reside a beleza no jogo

da vida: a bola deve sempre continuar rolando!
Não adianta chorar no final da partida, jogue sempre como se fosse uma final de campeonato!

No campeonato da vida, só vence aquele que joga cada minuto do jogo como se fosse uma final de campeonato.
Dê 200% de você em todos os momentos de sua vida, em todas as suas partidas pessoais ou profissionais.

Faça sempre mais do que lhe pedem, não seja medíocre.
Seja o artilheiro do campeonato da vida, marque gols para ser um campeão!

Como está a sua bola?

Sua bola está cheia, você está animado?
Ou você está com a sua bola murcha?
Está cheio de bola murcha por aí, não é?

Há mais gente com a bola murcha do que cheia no jogo da vida.
Sua bola tem que estar sempre cheia e calibrada, para que ela role redonda pelo gramado, para que você viva mais e melhor, com qualidade de vida.
Pense em como está lidando com essa bola, que representa a sua vida.

Se está praticando o que é certo, tudo dá certo!
Se você é um ser humano que tem consciência do seu espaço no mundo, respeita as leis do homem e da natureza, sendo ecológico e socialmente responsável, colabora para a continuidade da vida.

Imagine que a sua bola, a sua vida, é um *recipiente de possibilidades infinitas*. Se você enche a sua bola com coisas boas e, diariamente, cuida dela, mantendo-a calibrada, então, você estará com a sua bola cheia de vida.

Mas se você não der valor para sua bola e deixá-la de canto, encostada, ela irá murchar.
Será um recipiente sem conteúdo.

Quando sua bola está cheia de vida, você se calibra, se harmoniza com o mundo, ficando centrado nos seus valores pessoais e profissionais.

Você se torna referência para as pessoas que te cercam. Deste modo, pode se abrir com as pessoas, porque possui confiança nas suas jogadas e não tem receio em dividir suas experiências e aprendizados com os outros jogadores.

A sua bola é apenas o início de uma corrente do bem. Imagine a amplitude desta força, pois quando você está bem, o mundo todo se transforma a sua volta.

Amplie sua imaginação e perceba que sua bola está lá no centro do gramado.
Vá ampliando sua visão, da bola para o campo, do campo para o estádio, do estádio para sua cidade, da sua cidade para o Brasil todo, do Brasil para o mundo...

...sua vida pode fazer a diferença, você faz parte da maior bola de todas, que é o mundo e essa bola precisa da sua ajuda.

Em time que ganha não se mexe!

Esta frase é clássica no futebol e no jogo da vida é exatamente igual. Quando as coisas estão boas para você, ninguém mexe! Portanto, faça o seu melhor sempre.
Fixe essa frase em sua mente: você é o que merece ser!
Confie nas suas jogadas, acredite que você pode alcançar seus objetivos, decidindo e mantendo suas convicções.
Antecipe os possíveis erros que possam surgir antes de uma partida, esteja prevenido, pois jogador prevenido vale por dois.

Entenda que a solução de um problema está no próprio problema. Todo problema é uma oportunidade para o seu crescimento. Seja criativo e aprenda a ser um SOLUCIONADOR DE PROBLEMAS. Você será valorizado por isso!
Tenha iniciativa e não espere as coisas acontecerem, ao contrário, **faça as coisas acontecerem a seu favor**.

Quando você é um ser entusiasmado, as pessoas se aproximam. Ninguém gosta de pessimistas, seja um jogador que cativa a torcida. Tenha controle das suas ações, seja tolerante e ouça ao invés de falar sem qualidade.

Ao comunicar-se com alguém, seja *claro* e *objetivo*, pronuncie as palavras com exatidão para obter a compreensão das pessoas que o cercam.
Faça mais do que você é contratado para fazer e, deste modo, será valorizado no campeonato da vida.

Não seja um jogador *"salto alto"*.
Em vez de competir pelo seu espaço em campo, coopere com a equipe e seja valorizado pelo seu time por sua humildade e servidão.

Persista nos seus ideais, concentre todos os seus esforços em cada partida, minuto a minuto.
Não pense no campeonato como um todo, foque apenas na partida em que estiver jogando.

Viva o momento presente em sua plenitude, o que importa é viver *aqui* e *agora*.
Prepare-se para a grande partida da sua vida...

...Em busca do seu troféu!
Porque você merece esse troféu!
Mas, para que isso aconteça, você precisa se preparar e aprender a utilizar as 7 jogadas de ouro.

As 7 jogadas de ouro
Dicas de *coaching*

Todo treinador ou *"coach"* possui dicas, algumas *"jogadas ensaiadas"* para treinar a sua equipe.
Eu não poderia terminar este livro sem antes deixar algumas dicas ou *"jogadas ensaiadas"* para você conduzir melhor suas partidas no jogo da vida.
Mas antes disso, quero falar um pouco sobre a minha profissão e sobre o que significa *coaching*.

O que é *coaching*?

"Coach" significa treinador em inglês e *"coaching"* é um processo de desenvolvimento pessoal e profissional que auxilia uma pessoa ou um grupo de pessoas no alcance de seus objetivos, através da identificação, entendimento e aprimoramento de suas competências.

No início quando surgiu, em meados da década de 70, o *coaching* era associado exclusivamente aos esportes, pois todo atleta ou equipe esportiva tinha o seu *"coach"*, que no Brasil é conhecido como treinador ou técnico no futebol.
As pessoas ou equipes que passam por um processo de *coaching*, adquirem uma maior autoconsciência de sua conduta pessoal ou profissional, identificando os obstáculos no alcance de seus objetivos e aprimorando competências para melhorar seus resultados.

Atualmente, o *coaching* é aplicado em todas as áreas e aspectos da vida, sendo muito comum a procura deste profissional por executivos, profissionais liberais e pessoas que desejam obter uma transformação em suas atitudes, trabalhando com o aperfeiçoamento de competências como: *liderança, comunicação, relacionamento interpessoal, organização, assertividade, gestão de tempo,*

planejamento estratégico, entre outras.
O *coach* auxilia seu cliente a atingir o máximo de seu potencial, incentivando-o na busca dos resultados, ensinando-o a aprender com seus próprios recursos e capacidades.

Todo o processo de *coaching* visa auxiliar o cliente a estabelecer suas metas de uma forma organizada para o alcance concreto de um objetivo.
Lembrando que *meta* é diferente de *objetivo*.

As metas são ações mensuráveis, os passos para se atingir um objetivo. Então, um objetivo pode ter várias metas.
Por exemplo, se o seu objetivo é viajar para a Disney, as metas serão todos os passos que devem ser dados para se chegar até lá. Metas são expressas por valores numéricos, portanto, no exemplo da viagem à Disney, seria necessário determinar o investimento financeiro, o número de dias, os horários, entre outros fatores que possam ser medidos ou quantificados como resultados concretos.

O processo de *coaching* pode ser empregado na vida pessoal ou profissional, especialmente na mudança de comportamento, nos momentos de transição de carreira ou na orientação para novos empreendimentos.
Toda pessoa que passa por um processo de *coaching*, descobre e desenvolve habilidades, recursos e comportamentos, administrando as mudanças com mais consciência e atitude.

O *coach* orienta seu cliente a construir uma missão, visão e valores de vida pessoal e profissional, primeiramente, através de uma avaliação detalhada do estado atual do cliente e em seguida, auxilia no estabelecimento de um plano de ação com objetivos e metas e que possam ser monitoradas no processo.
As sessões de *coaching*, normalmente, são realizadas

através de encontros semanais ou quinzenais, com aproximadamente uma hora de duração ou de acordo com as necessidades do cliente.

Nesses encontros, que poderão ser realizados pessoalmente ou até pela internet, o *coach* levantará todas as informações necessárias para a avaliação do seu cliente, estudando seu perfil comportamental para o alinhamento com os seus objetivos.

Estabelecido o objetivo a ser alcançado, o *coach* auxiliará o cliente na elaboração de um plano de ação, acompanhando e verificando passo a passo as metas e os resultados alcançados.
Coaching é foco, ação, resultado e melhoria contínua.
É uma ferramenta poderosa para aqueles que almejam atingir seus objetivos, aprendendo novas possibilidades, transformando intenções em ações concretas com resultados sustentáveis.

O que são as 7 jogadas de ouro?

São algumas dicas importantes que quero dividir com você, as quais intitulei de *"7 jogadas de ouro"*.
As *"7 jogadas de ouro"* são:

1. FAÇA A ESCOLHA CERTA
2. SUPERE AS ADVERSIDADES DA VIDA
3. APRENDA COM OS MELHORES JOGADORES
4. USE O TEMPO AO SEU FAVOR
5. FAÇA SEMPRE MELHOR
6. PRATIQUE O HÁBITO DE VENCER
7. AUMENTE SUA TORCIDA

Nas páginas seguintes irei explicar cada uma delas, espero que você aproveite cada uma dessas dicas de sucesso e lembre-se: eu estou torcendo por você!

Jogada de ouro nº 1: faça a escolha certa!

Quem joga no seu time?
Você tem alguém com a *"bola murcha"* jogando com você? Afaste-se dos jogadores pessimistas que te puxam para baixo ou te arrastam para trás, que vivem do passado. Aproxime-se dos jogadores otimistas e motivadores, que te empurram para frente, que dão um salto na sua qualidade de vida. Você é o único responsável pelas escolhas que faz na vida. O maior poder que uma pessoa possui é o poder de escolher aquilo que deseja *ser, fazer* ou *ter*.

Lembre-se: toda escolha é uma renúncia!
Quando escolhe um caminho, renuncia a outro.
Perceba que é possível escolher como quer tratar as pessoas e também lidar com as adversidades da vida.
Você também escolhe o que quer aprender e o que deseja realizar na vida, escolhe tudo aquilo que deseja acreditar, escolhe as pessoas com as quais quer se relacionar e, enfim, determina seu caráter e suas atitudes pelas suas escolhas.

Como proferiu Antoine de Saint Exupéry em seu livro *"O pequeno príncipe"*: *"Tu te tornas eternamente responsável por aquilo que cativas"*, entenda que as suas escolhas determinarão o seu sucesso ou fracasso.
Portanto, saber escolher com sabedoria é o primeiro passo para aqueles que almejam atingir um lugar mais elevado no campeonato da vida.

Ao escolher, reflita sobre os seguintes pontos:
O que ganho e o que perco com esta escolha?
Quais serão os impactos desta escolha no meu futuro?
Esta escolha está alinhada aos meus valores? Existem outras pessoas envolvidas nesta escolha que serão beneficiadas ou prejudicadas pelas minhas ações?
Esta escolha realmente fará a diferença na minha vida?

Jogada de ouro nº 2:
supere as adversidades da vida

Sem adversidades, sem conflitos, não há desenvolvimento.
É isso que dá a força no jogo da vida: as adversidades.
Pare e pense: você aprende mais com quem está do seu lado te apoiando ou com quem não está do seu lado e te desafia a ser melhor ainda?
Você aprende mais com as vitórias ou com as derrotas?
Os desafios, os conflitos e adversidades nos fazem crescer.
As adversidades sempre existirão.
O primeiro passo para o enfrentamento das adversidades é justamente aceitar que isso sempre acontecerá, independente da nossa vontade.

É nas adversidades que aprendemos, que evoluímos.
Costumo sempre dizer que a nossa vida é como uma montanha russa, ou seja, ela é feita de altos e baixos.
Em alguns momentos estamos no topo e no outro despencando montanha abaixo.
Você poderá escolher ficar choramingando ou se deprimir diante das dificuldades, mas a melhor escolha sempre será aceitar este momento difícil da sua vida como um desafio a ser superado e com isso, aprender com a situação.

Você deve ser maior que o problema , é preciso ter coragem para superar os momentos difíceis da vida, pois como dizia o filósofo Aristóteles: *"A coragem é a primeira das virtudes humanas, porque ela torna todas as outras possíveis"*.
Se você escolher continuar alimentando o problema, ele se tornará cada vez mais forte.
Alimente a sua coragem e não as adversidades.
Entenda que a diferença entre as pessoas bem-sucedidas e as que têm dificuldade em obter a vitória não está no número de vezes que venceram, mas no número de vezes que persistiram em superar as adversidades da vida e com isso se tornaram melhores e mais fortes. Tenha coragem!

Jogada de ouro nº 3: aprenda com os melhores jogadores

Os jogadores mais novos devem observar com atenção as jogadas dos experientes, *"modelando"* seus comportamentos.
Se você deseja melhorar suas jogadas, observe as jogadas dos craques que admira e depois, pratique, pratique e pratique, repetindo aquilo que você observou.
Se for possível, se aproxime deste craque e tire suas dúvidas, vá observando como ele obtém seus resultados.
Quando paramos para observar as pessoas, com os nossos olhos internos, conseguimos ver aquilo que está além do nosso campo de visão, ou seja, as caracterísiticas únicas e essenciais que o outro ser humano possui.

Ao observar essas características, podemos *"modelá-las"* ou seja, *ver a maneira como o outro faz, aquilo que faz, utilizando um método, uma forma, um hábito, uma maneira, um estilo.*
A *"modelagem"* é uma das estratégias de aprendizado da Programação Neurolinguística que é o *aprendizado pela observação*, onde um indivíduo faz uma conexão com outra pessoa, que é chamada de *"modelo"* na qual é dotada de uma habilidade, comportamento ou estratégia de sucesso. Esta conexão cria uma espécie de *"link neurológico"* que é um estado de focalização mental desencadeado pela atenção, interesse, motivação e envolvimento total com o *"modelo"* observado. Essa observação é altamente rica, pois faz com que aprendamos com o outro, através de sua *linguagem verbal* (aquilo que fala) e *não verbal* (aquilo que demonstra, sinais faciais, posturas, estilos) e de sua forma de agir (atitudes e ações frente aos desafios diários).

Observe e modele as pessoas que são **excelentes** e como você já aprendeu que a humildade e a gratidão são importantes no jogo da vida, comece a se aproximar delas com *"por favor"* e termine com *"muito obrigado"*.
Aprenda com os melhores!

Jogada de ouro nº 4: use o tempo a seu favor

Não adianta atropelar as coisas na vida.
Respeite o seu tempo e o tempo dos outros.
Organize seu tempo conforme suas prioridades.
Prioridade é *tudo que deve ser feito em primeiro lugar*.
Faça uma lista de tudo o que você precisa fazer analisando sua ordem de prioridade.

É importante entender as interpretações que se faz com relação a utilizar o tempo, pois cada pessoa tem uma atitude a como lidar, gastar, utilizar ou administrar o próprio tempo. Mas afinal, o que é o tempo?

Uma resposta muito famosa para esta pergunta é a de Santo Agostinho, que diz:

"O tempo é o tema mais banal de nossas conversas cotidianas, e não fazemos outra coisa senão falar disso. E, no entanto, se alguém nos pergunta sobre o que é isso de que tanto falamos, nos vemos diante de um paradoxo: o que é, por conseguinte, o tempo? Se ninguém me perguntar, eu sei, mas se o quiser explicar a quem me faz a pergunta, já não sei".

Estar consciente dos fatores que influenciam a maneira como se percebe e utiliza o tempo, é um passo importante para administrá-lo e aproveitá-lo. Usar o tempo a seu favor, não significa deixar de fazer o que quer ou o que gosta de fazer, nem estar preso a um roteiro rígido e definido. Significa ter o controle, tomar posse de seu próprio tempo, se responsabilizar por suas escolhas e usar o tempo de maneira consciente e produtiva, de acordo com a sua percepção dos objetivos pessoais ou profissionais.

Portanto, não perca tempo no jogo da vida com coisas supérfluas e que não são importantes. Faça sua agenda!

Jogada de ouro nº 5: faça sempre melhor

Não faça nada pela metade, pois tudo o que é feito com dedicação, merece ser valorizado.
Lembre-se das oito saúdes: *física, espiritual, familiar, social, financeira, profissional, intelectual e emocional*.
Faça o melhor que você puder para deixar suas oito saúdes equilibradas e deixe sua bola da vida *"redondinha"*, calibrada e COMPLETA em todas as áreas da sua vida.
Além disso, seja um *"master mind"*, que é um termo criado por Napoleon Hill em sua obra *"A Lei do Triunfo"*, que é utilizado mundialmente para designar as pessoas que são capazes de traçar seu caminho com visão de futuro em busca de um objetivo. Ser um *"master mind"* é conseguir superar os desafios que a vida oferece através de atitudes positivas que promovam resultados extraordinários.
Ser um *"master mind"* é utilizar ferramentas poderosas que se colocadas em prática conduzirão uma pessoa à vitória profissional e pessoal. São elas:

Humildade: a base de todo crescimento interno.
Desprendimento: desenvolver o hábito de não gerar expectativas desnecessárias nas pessoas, objetos e sistemas.
Integridade: ser justo nas suas decisões.
Determinação: ter foco e um plano de ação bem definido.
Otimismo: a forma de acreditar nas coisas boas da vida.
Entusiasmo: literalmente, *Deus dentro de nós*, vem da palavra grega *en + theos*.
Criatividade: a forma de expressão do ser humano em prol daquilo que se propôs a *ser, ter* e *fazer*.
Serenidade: a forma de encarar com tranquilidade os desafios que a vida nos apresenta.
Desse modo, você vai sempre fazer um gol de *"letra"*, um gol de *"placa"* na sua vida.

Jogada de ouro nº 6: pratique o hábito de vencer

Na hora que você achar que já estudou todas as táticas, estude de novo. Quando achar que fez o melhor, faça novamente.
Pratique sempre, só assim será o titular do seu time.
Pratique o bom hábito de jogar no time que vence, que joga completo, que só tem jogadores *"feras"*.
Pratique a colaboração e ajude o máximo de pessoas a crescerem juntamente com você no jogo da vida. Já ouviu aquele ditado que diz que a prática leva à perfeição?
Para praticar o *"hábito de vencer"* é necessário ter disciplina com relação a novas atitudes positivas que conseguimos incorporar em nossa vida.

É uma prática que requer esforço para ser cumprida, entretanto, a partir do momento que ela é integrada a nossa vida, ela se torna um *hábito*.
Para construirmos esse *hábito* é importante entendermos que devemos ter o domínio pessoal que envolve o contínuo esclarecimento daquilo que é importante para nós, ou seja, um propósito ou missão de vida, uma noção clara da realidade atual, em outras palavras, onde estamos com relação ao que é importante atingir.

Essa análise, que deve ser constante, nos impulsiona para o que chamamos de *"hábito de vencer"* e é o que podemos entender como a *motivação necessária para continuarmos caminhando na direção certa*, com relação aos nossos objetivos pessoais e profissionais.
Aqui, cito uma frase de Stephen Covey: *"Plante um pensamento, colha uma ação. Plante uma ação, colha um hábito. Plante um hábito, colha um caráter. Plante um caráter, colha um destino".*
Seja um vencedor no campeonato da vida pelo desenvolvimento de bons hábitos. Sucesso!

Jogada de ouro nº 7: aumente sua torcida!

Relacione-se, faça novas amizades, aumente sua torcida! Aprenda a fazer elogios sinceros às pessoas, cativando-as. Tenha um aperto de mão forte e assertivo, sorria ao cumprimentar. Seja uma pessoa que cultiva a *amizade desinteressada*, não crie nenhuma expectativa nos outros. Procure ajudar, colaborar, ser prestativo, estar à disposição. Não seja um *"bola murcha"* no jogo da vida, seja feliz e conquiste o maior número de torcedores.

A base de todo relacionamento é **confiança** e **empatia**. A *confiança* permite compartilhar informações e garantir que os interesses das pessoas sejam difundidos de forma empática e acolhedora. Quando se confia no outro, há uma relação de reciprocidade e ambos caminham juntos em prol de um único objetivo.

Cada ser humano reage de uma forma no mundo e, ao nos adaptarmos a essa forma de reação do outro, ao compreendermos e experimentarmos seus sentimentos, pensamentos e experiências, adquirimos a *empatia* que é a habilidade de entender as pessoas, captar o que desejam e estar na mesma sintonia que elas. A palavra empatia vem do grego *"empatheia", que significa "sentir dentro"* e do alemão *"einfuhlung"* que significa *"sentimento interior"*. Com a confiança e a empatia promovemos intimamente a afinidade nas relações e aumentamos nossa rede de relacionamentos.

Essa rede de relacionamentos, também chamada *networking* deve ser sustentada na base da qualidade de atenção que você dá às pessoas.
Comece a aumentar sua torcida com as pessoas que você já tem algum contato e vá ampliando suas relações sustentando-as na base da confiança e da empatia.

Saiba quando pendurar as chuteiras

E já está chegando o momento de *"pendurar as minhas chuteiras"* neste livro. Já estamos quase no final do segundo tempo e como daqui a pouco eu irei *"tirar o meu time de campo"*, aproveito esta oportunidade para agradecer a sua atenção. Obrigado por ler o meu livro, saiba que estarei sempre torcendo por você!

E por falar em *"pendurar as chuteiras"*, eu me lembrei de uma pequena estória. Peço novamente sua licença para contar a história de dois amigos chamados João e José. Eles eram amigos que torciam pelo mesmo time.
Não vou revelar para qual time torciam, o importante é você saber que os dois eram APAIXONADOS por futebol. Desde crianças estiveram juntos pelos gramados da vida. Eles estudavam na mesma escola e davam sempre um jeitinho de *"cabular"* as aulas para jogar futebol com os amigos.

Quando eram jovens, costumavam deixar as namoradas esperando, pois sempre se atrasavam devido aos compromissos futebolísticos. Os dois amigos acabaram casando-se com as mesmas namoradas da juventude, pois eram as únicas que tinham paciência para dividir espaço com o amor deles pelo futebol.

Quando seus filhos nasceram, os dois compraram camisetinhas do time do coração e orgulhosos, vestiram seus bebês.
E assim foi por toda a vida de João e José: os anos corriam e a paixão pelo futebol ia aumentando cada vez mais, assim como a amizade da dupla.

De jogadores afoitos passaram a torcedores fanáticos.
Nas rodinhas, o papo sempre era futebol.
Comiam, bebiam e dormiam futebol.

Certo dia, os dois amigos já bem velhinhos estavam sentados numa varanda e o João perguntou para o José: *"Será que tem futebol lá no céu? Vai ser um problemão se não existir o esporte lá na terrinha de São Pedro!"*

Após muitas discussões sobre o assunto, combinaram que aquele que primeiro *"pendurasse as chuteiras"*, voltaria para contar ao outro se existia futebol no céu.
E como tudo termina um dia, o José foi o primeiro a *"pendurar as chuteiras"* definitivamente no jogo da vida.
João ficou desolado sem a presença do amigo.

O tempo foi passando, passando e a saudade aumentando.
Numa noite, João acordou com um barulho, um estrondo que vinha da sala e pulou da cama assustado, pensando tratar-se da invasão de um ladrão em sua casa.

Ele levantou e foi caminhando na ponta dos pés, precavido.
Quando ele chegou na sala ficou assustado...
...O teto estava totalmente aberto, escancarado, dava até para ver as estrelas brilhando na madrugada.
E de repente, lá do céu, um facho de luz dourada foi invadindo a sala e o João se ajoelhou, extasiado.

E do facho de luz dourada, João viu descendo lá do céu, um jogador todo vestido de branco.
Era o José, mas com uma aparência jovem, parecendo um anjo. E João, admirado, ergueu as mãos para o céu e gritou:
"José!!! Minhas preces foram atendidas, tem futebol lá no céu!"

E o José respondeu ao amigo João:
"Tem sim, meu amigo... E você acaba de ser escalado para a próxima partida!"

Eu quero perguntar para você:
Quando será escalado para a próxima partida?
Pode ser hoje, pode ser amanhã, não importa.
O que realmente importa é que esteja preparado para dar o melhor de si e contribuir ao máximo para sua participação neste campeonato da vida.

Você vai dar o melhor de si?

E eu pergunto para você agora:
"Você vai dar o melhor de si?"

O verdadeiro SUCESSO, a vitória no campeonato da vida, só ocorrerá quando estabelecermos *padrões elevados de excelência* para nós mesmos.
É nessa busca pela excelência, na qual procuramos fazer as coisas ordinárias de um modo extraordinário que o sucesso, inevitável e infalivelmente, se apresentará a nós.
Essa é a essência do sucesso.

> Faça uma reflexão:
> *Durante todo o seu dia, quais são os momentos que realmente tem a consciência de que está dando o melhor de si? Se fosse para você traçar um gráfico do seu rendimento pessoal, qual seria a porcentagem do seu grau de excelência com as coisas que fazem parte da sua vida?*

"Dar o melhor de si" não significa exceder os seus limites de uma maneira absurda, na qual você se estressa e acaba também estressando os outros a sua volta.

Não precisa ser um *"workaholic",* um *viciado no trabalho* que fica tentando provar aos outros que trabalhar além do normal é a melhor forma de se conseguir obter o sucesso na vida, mesmo que para isso seja necessário sacrificar sua liberdade, saúde, qualidade de vida, relacionamentos e, inclusive, a própria família.

Isso é *"dar o pior de si"*, não é mesmo?

> Cabe aqui, nesta parte do livro, uma outra reflexão:
> *Você tem medo do fracasso ou medo do sucesso?*

Como assim, Edson?
Medo do sucesso?
Como é que alguém pode ter medo do sucesso?
Normalmente, nós temos medo do fracasso, não é mesmo?

Gostaria de dizer que sim, mas tenho visto na prática, nas minhas sessões de *coaching* e nos treinamentos comportamentais que ministro, justamente o contrário: as pessoas têm mais medo do sucesso do que do fracasso. As pessoas, na realidade, querem o sucesso, buscam o sucesso muitas vezes, a *qualquer custo*.

Mas o grande problema é que só pensam no que vão GANHAR obtendo o sucesso e acabam se esquecendo daquilo que irão PERDER para obtê-lo.

Quando se foca na montanha, não se vê as pedras no caminho. Você não tropeça em uma montanha!

Se deseja algo na vida, foque intensamente no seu objetivo, mas visualize também os desafios necessários para obter.

A maioria das pessoas não consegue visualizar quais serão os desafios e nem os passos necessários para se obter o sucesso. Daí, quando se deparam com as novas responsabilidades, com os investimentos de tempo e recursos que a busca pelo sucesso irá exigir, acabam desistindo no meio do caminho, quando já estavam tão próximas do êxito, da vitória. Cabe aqui uma citação de um grande homem, Thomas Edison, inventor da lâmpada:

"Muitos dos fracassos da vida ocorrem com as pessoas que não reconheceram o quão próximas elas estavam do sucesso quando desistiram".

É quando uma pessoa se aproxima do sucesso que surge com mais força o seu *"sabotador interno"* que é uma daquelas *"vozes internas"* que nos questionam sobre o quanto realmente estamos indo para o caminho correto, se conseguiremos suportar as responsabilidades que este sucesso atrai, enfim, se estamos preparados realmente para dar continuidade ao sucesso.

Nesse momento, quando você estiver de mal humor, com preguiça ou começando a ficar desanimado com o rumo dos acontecimentos na conquista dos seus objetivos, *pare e reflita se vale a pena continuar com esse comportamento negativo.*

Pode escolher levantar sua cabeça, respirar e seguir em frente, dando o melhor de si para você e para as pessoas que fazem parte da sua vida.

Já pensou se um médico resolvesse escolher ficar desanimado e com preguiça no meio de uma operação cirúrgica?

E se o piloto de um avião desistir de pilotar o aparelho no meio da viagem, simplesmente por que ficou desmotivado? Quando alguém faz algo por você, quer que essa pessoa dê 200% do melhor dela, não é mesmo?

Napoleon Hill no seu livro "A Lei do Triunfo" cita a *"Regra de Ouro"*, que significa, substancialmente *"fazer aos outros apenas aquilo que desejaríamos que os outros nos fizessem, se estivessem em nossa situação"*, e conclui *"Há uma lei eterna por meio do qual colhemos sempre o que semeamos".*

Acredito que se você estabelece para si padrões elevados de excelência e segue estes padrões, dando o seu melhor, independente das circunstâncias da vida, colabora para o seu sucesso e também melhora a vida das pessoas que estão do seu lado, torcendo por você!

É preciso estabelecer padrões elevados de excelência nas três principais áreas da sua vida: *caráter, relacionamento e desenvolvimento pessoal*.

Caráter

O caráter é a soma dos seus traços morais de personalidade, dos seus hábitos, virtudes e vícios. É aquilo que define as suas atitudes, seus comportamentos nos ambientes pelos quais passa a maior parte da vida.

George Matthew Adams, um famoso colunista norte-americano, citou *"Não existe esta coisa de homem feito por si mesmo. Somos formados por milhares de outros. Cada pessoa que alguma vez tenha feito um gesto bom por nós, ou dito uma palavra de encorajamento para nós, entrou na formação do nosso caráter e nossos pensamentos, tanto quanto do nosso sucesso".*

Quando investe no seu caráter, quando exige o melhor de si no desenvolvimento e manutenção desta área na própria vida, reforça ainda mais a sua *responsabilidade*, *atitude*, *disciplina*, o *respeito* pelos outros e *integridade*.

Ser íntegro é ser honesto e justo, é saber respeitar os seus direitos e também os seus deveres.

É não ser um *"maria vai com as outras"* que é um termo utilizado para definir as pessoas que se deixam corromper pelas coisas fáceis da vida, pelo *jeitinho de dar um jeitinho em tudo*.

"Ah! Todo mundo tá furando a fila...Eu também vou furar!"

Ter caráter é manter a sua firmeza e, sobretudo, excelência

moral, é procurar ser incorruptível, é ter uma reputação sólida, é ser admirado pelos seus atos de justiça e honestidade. É ser um jogador exemplar que joga o bom jogo no campeonato da vida.

Relacionamento

O relacionamento é estabelecer uma conexão, uma ligação entre uma ou mais pessoas: marido e esposa, pais e filhos, irmãos e irmãs, amigos, parentes.
A palavra relacionamento, etimologicamente, vem do latim *relatio* e significa *"estabelecer uma ligação entre"*.
O famoso escritor e endocrinologista Deepak Chopra disse: *"Seja qual for o relacionamento que você atraiu para dentro de sua vida, numa determinada época, ele foi aquilo que você precisava naquele momento"*.

Você define seus relacionamentos, escolhe com quem quer se relacionar e, principalmente, como quer se relacionar.
Para obter um bom relacionamento e mantê-lo é necessário, primeiramente, exercitar a sua *humildade*.
Ser humilde é deixar de lado todo o seu egocentrismo e os estados negativos do ego como: *orgulho, vaidade, arrogância, prepotência, presunção, exibicionismo*.
É saber dar valor às pessoas e dar a qualidade de sua atenção.
Em segundo lugar, é preciso ter *Paciência* e *Tolerância*.
Você pode estar certo, cheio da razão, mas se não tiver paciência e tolerância, perderá os créditos num relacionamento.

Dê sempre a oportunidade para o outro falar, não interrompa as pessoas, mesmo que esteja certo.
Seja tolerante para entender que as pessoas são diferentes e, portanto, pensam e agem diferentemente de você.
E, finalmente, é preciso ter *empatia*.
Como já falei anteriormente, a empatia é o estado da compreensão. É, literalmente, entrar no mundo do outro,

é *"olhar e compreender o mundo com os olhos do outro"*.

Desenvolvimento pessoal

Responda a seguinte pergunta:
"Quanto está investindo no seu desenvolvimento pessoal?"

Quero que reflita sobre as próximas linhas deste livro.
Acredito que todos nós somos, ao mesmo tempo, mestres e aprendizes. A magia do aprendizado só ocorre quando aceitamos o nosso lado aprendiz. É o contínuo esvaziar do copo que nos permite reaprender.
É o eterno aprendiz, essa criança curiosa em cada um de nós, que nos motiva a superar os desafios acreditando no mundo das possibilidades.

Dê o melhor de si na sua educação, no seu aprendizado. Leia, leia e aprenda o máximo que puder.
Compartilhe também os seus aprendizados com o maior número de pessoas possível. Seja um bom mestre, divida conhecimentos, crie aprendizes, seguidores e sucessores.
Jamais desista de se desenvolver, lembre-se: você é um eterno aprendiz!

Você possui um grande poder que é o da escolha, e saber escolher é decidir o rumo da sua vida. Pode escolher dar o melhor de si, ser mais participativo, ter consciência dos seus propósitos e celebrar a alegria de viver o momento presente, pois *nunca é tarde para mudar*.

Na marca do pênalti é gol!

Peço para você, que leu este livro e entendeu as comparações feitas sobre o futebol e os aspectos da vida, que procure conquistar bons hábitos, sendo um jogador participativo e disponível.
Só assim, colocando-se à disposição e com atitudes positivas, sempre será escalado para as melhores partidas da vida.

Mantenha o foco no jogo e jogue o melhor que puder.
Não viva do passado e nem pense apenas no futuro, seu momento é agora!
Tenha seus objetivos muito bem definidos.

Não faça nada apenas por fazer, defina as melhores táticas para alcançar seus objetivos e vá jogando partida por partida, conquistando ponto por ponto, até conseguir a vitória.

Faça primeiro o que é mais importante para você, defina as prioridades e não perca tempo com coisas supérfluas.
Não tire vantagem das situações alheias e seja justo nos seus negócios, fazendo para os outros, aquilo que deseja que façam por você.

Procure compreender antes de ser compreendido, criando empatia. Assim será mais cooperativo e menos competitivo, pois há lugar para todos no campeonato da vida.

Desse modo, quando sua bola cheia de vida estiver na marca de cal do pênalti e toda sua torcida estiver te apoiando, não tenha receio. Respire fundo, chute com toda sua força, classe e comemore o gol!

Conclusão

Chegamos ao final dessa partida.
No campeonato da vida, só vencem aqueles que possuem determinação, sabem escolher e decidir, mantendo-se firmes nos seus propósitos.
Você pode fazer a diferença na vida de alguém, então faça isso. Também na de um grupo de pessoas, faça-a!
E você pode fazer a diferença na vida de várias pessoas, pessoas que, inclusive, não fazem parte do seu ciclo de relacionamentos. Todos nós estamos jogando a maior partida de futebol de todos os tempos que é a VIDA.

O tempo não joga ao nosso favor e o gramado nem sempre está adequado para a prática do jogo, mas isso não importa.
O mais importante é que sempre existirão jogadores, o futebol e a vida. Se soubermos conduzir nossa bola com muito amor e sabedoria, o tempo será bondoso conosco e aproveitaremos cada minuto precioso dessa partida.

Sabemos que não poderemos vencer toda vez e que nem sempre seremos favorecidos, mas jogando com determinação e amor à nossa camisa, poderemos chegar ao final deste grande jogo de futebol que é a nossa vida, com a certeza de que fizemos sempre o melhor em busca da excelência.
Desejo que sua existência seja preenchida por conquistas

valorosas pela amizade desinteressada e do amor incondicional e que sua vida seja repleta de paz, saúde, felicidade e prosperidade.
Lembre-se: nada é tão distante que não possa ser conquistado.
Continue superando os desafios que a vida lhe proporciona, siga sempre em frente, não desanime.
Torço por você e tenho a plena convicção de que já é um vencedor e que muitas pessoas te admiram e sempre estarão **TORCENDO POR VOCÊ!**

Convite

Convido você para fazer parte da comunidade de pessoas que já participaram dos meus treinamentos, palestras e processos de *coaching* no site www.edsondepaula.com.br

MINIDICIONÁRIO DE FUTEBOL

Conheça neste minidicionário expressões utilizadas na língua do futebol, sendo que algumas delas são usadas neste livro.

A
Amarelar: jogar mal porque ficou com medo do adversário.
Arqueiro: goleiro.
Arranca toco: jogador sem habilidade e muito agressivo.
Artilheiro: jogador que faz o maior número de gols.

B
Baba: igual a "pelada", jogo de futebol.
Balão: jogador lança a bola em trajetória curva sobre o adversário e, correndo rapidamente, volta a dominá-la no chão.
Bandeirinha: árbitro auxiliar que se posiciona na lateral do campo.
Banheira: quando o jogador fica em impedimento.
Beque: zagueiro.
Bicho: premiação que os jogadores recebem por jogo ganho.
Bicicleta: quando o jogador pula de costas e acerta na bola com os dois pés suspensos.
Bico: chute com a ponta do pé.
Bicuda: chute com a ponta do pé e muita força.
Bomba: chute com muita força.

C
Cabeceada: quando a bola é impulsionada com a cabeça.

Cabeça de bagre: jogador muito ruim e sem inteligência.
Cama de gato: falta na qual o jogador simula saltar e, com o corpo, desequilibra o adversário pelas costas.
Cancha: campo de futebol.
Caneco: troféu.
Canelada: quando a bola é impulsionada com a canela.
Caneleira: proteção para as canelas.
Canetas: pernas.
Canhão: igual a petardo, chute desferido com muita força.
Capotão: bola de futebol.
Carniceiro: jogador muito desleal, maldoso, que faz faltas desnecessárias apenas com o intuito de machucar alguém.
Carrasco: jogador que marca o gol da vitória nos últimos minutos.
Carrinho: ação na qual o jogador vem correndo e, para alcançar a bola, desliza sentado na grama com as duas pernas na direção da bola.
Cartola: dirigente de clube.
Catimba: fazer com que o jogo fique mais lento, simulando faltas, para gastar o tempo.
Cavalo: jogador considerado violento.
Chaleira: jogada na qual o jogador passa uma das pernas por trás da outra, acertando na bola de pé trocado.
Chapeuzinho: igual a "lençol". O jogador toca a bola por cima do adversário e pega do outro lado.
Chute de meia altura: chute dado quando a bola está na altura da cintura do jogador.
Chute na gaveta: a bola é chutada em um dos ângulos superiores da trave.
Chutar no ângulo: igual a chutar na gaveta.
Chutar para o mato: chutar forte para qualquer lado, sem direção.
Chutar rasteiro: chutar a bola rente ao chão.
Chuveirinho: cruzar a bola pelo alto da lateral para dentro

da área.
Contrapé: jogada inesperada.
Craque: jogador talentoso.

D
Dar o bote: quando a defesa pressiona o ataque.
Dar o sangue: esforçar-se pelo clube.
Dar um nó: driblar.
Debaixo das canetas: quando o jogador passa a bola entre as pernas do adversário.
De efeito: chute com efeito.
Dérbi: jogo entre dois times fortes da mesma região ou da mesma cidade.
De testa: quando a bola é impulsionada com a testa.
De trivela: chute dado com o lado externo ou interno do pé
Drible da vaca: jogador toca a bola de um lado do adversário e pega do outro.

E
Elástico: drible em que o jogador leva e traz a bola.
Embaixadinha: quicar a bola com pés, joelhos ou cabeça sem deixá-la cair no chão.
Enfiada: igual a goleada, vitória com muita diferença no placar.
Entortar: dar drible que faz o jogador do time adversário se perder na jogada.

F
Fazer cera: igual a "catimba".
Fechar o gol: quando o goleiro está jogando muito bem, defendendo todos os chutes.
Figurão: jogador importante.
Filó: rede de futebol.

Finta: jogada visando superar o marcador.
Fintar: driblar.
Firula: jogada desnecessária e, geralmente, humilhante ao adversário.
Fominha: igual a "mascarado", jogador que não passa a bola para os companheiros.
Frangueiro: goleiro que toma gols facilmente defensáveis
Furo: quando o jogador erra o chute.

G

Galera: torcedores.
Gandula: responsável por apanhar as bolas que são chutadas para fora do campo.
Gastando a bola: jogador que joga muito bem.
Gaveteiro: juiz ou jogador que aceita suborno.
Golaço: gol marcado com extrema habilidade.
Gol contra: gol marcado involuntariamente por um jogador contra a própria equipe.
Gol de honra: único gol marcado por uma equipe numa derrota.
Gol de letra: gol de calcanhar.
Gol de peixinho: cabeceio em bola baixa.
Gol de placa: gol feito após uma jogada sensacional.
Gol do meio da rua: gol marcado a longa distância.
Gol olímpico: gol marcado em cobrança direta de escanteio
Goleada: igual a "enfiada", vitória com muita diferença no placar.
Goleador: igual a artilheiro.
Gorduchinha: bola de futebol
Guarda-metas: goleiro.
Guarda-redes: goleiro.
Guarda-valas: goleiro.
Guardião: goleiro.

L

Lanterninha: time que ocupa a última posição na tabela do campeonato.
Lençol: igual a "chapeuzinho", o jogador toca a bola por cima do adversário e pega do outro lado.

M

Mala preta: suborno.
Mão furada: igual a goleiro "frangueiro".
Marmelada: é quando um time facilita o jogo para o seu adversário.
Mascarado: igual a "fominha", jogador que não passa a bola para os companheiros.
Mata-mata: partidas finais de campeonato, que são eliminatórias.
Matar a bola: bola dominada com destreza quando vem do alto.
Matar de canela: quando o jogador recebe a bola com a canela.
Matar no peito: quando o jogador abafa a bola que vem do alto com o peito.
Meia-canja: meio de campo.
Meter um saco: fazer muitos gols no adversário.
Molhar a camisa: igual a "suar a camisa", jogar como dedicação para o time.
Morte súbita: prorrogação na qual quem marca o primeiro gol vence o jogo.

O

Olé: quando um time está ganhando a partida e no final do jogo fica tocando a bola.

P

Pau: trave.
Passar a bola redonda: toque de bola preciso.
Passe de calcanhar: passar a bola utilizando o calcanhar.
Pedalada: com a bola parada, o jogador fica passando os pés, alternadamente, por cima dela, como se estivesse pedalando.
Pegar na veia: quando o jogador acerta um chute preciso na bola.
Peixinho: jogador protegido pelo técnico.
Pelada: igual a "rachão", jogo de futebol de várzea.
Pelota: bola.
Pé murcho: jogador que tem um chute fraco.
Perigo de gol: erro evidente de arbitragem numa jogada de ataque.
Perna de pau: jogador que não tem habilidade.
Perneta: jogador que não tem habilidade.
Petardo: chute muito potente.
Pé torto: jogador que erra os passes.
Pipocar: evitar confrontos com o adversário para não se machucar.
Pipoqueiro: jogador que vacila na hora da decisão.
Ponta de lança: o jogador mais avançado da equipe.

R

Racha: igual a "pelada", "rachão", jogo de futebol de várzea.
Redonda: bola.
Redondinha: bola.
Retranca: colocar o time todo no campo de defesa, jogando totalmente recuado.
Roubar a bola: quando a bola é tirada do adversário com muita habilidade.

S

Segurar o jogo: quando todo o time fica na defesa tentando garantir o resultado da partida.
Suar a camisa: igual a "molhar a camisa", jogar com dedicação para o time.

T

Tapete: campo de futebol em excelentes condições.
Tijolada: chute muito potente.
Tiro de canto: escanteio.
Tomar um frango: bola facilmente defensável que o goleiro não defendeu.
Travessão: a trave de futebol.

V

Vazado: goleiro que levou mais gols no campeonato.
Vira-casaca: jogador ou torcedor que muda de time.
Voleio: chute com os dois pés suspensos do chão, na posição lateral.

X

Xerife: jogador da defesa que impõe respeito ao adversário.

Z

Zagueiro: jogador que joga na defesa entre a linha média e o goleiro.
Zebra: resultado inesperado.

Bibliografia

Este livro foi baseado em alguns conceitos das referências abaixo citadas. Se você quiser se aprofundar mais sobre os conceitos, aconselho a leitura destes livros:

BANDLER, Richard. A estrutura da magia: um livro sobre linguagem e terapia. Zahar, 1977.
CARNEGIE, Dale. Como fazer amigos e influenciar pessoas. Editora Nacional, 2000.
COVEY, Stephen R. Liderança baseada em princípios. Campus, 1994.
COVEY, Stephen R. Os 7 hábitos das pessoas altamente eficazes. Best Seller, 2006.
DILTS, Robert. Crenças: caminhos para a saúde e o bem-estar. Summus, 1993.
GOLEMAN, Daniel. Inteligência emocional. Objetiva, 1995.
HILL, Napoleon. A lei do triunfo. José Olympio, 1994.
HILL, Napoleon. Pense e enriqueça. Ibrex, 1975.
HUNTER, James C. O monge e o executivo. Sextante, 2006.
KOTLER, Philip. Marketing para o século XXI. Futura, 1999.
MANDINO, Og. O maior segredo do mundo. Record, 1993.
MANDINO, Og. O maior vendedor do mundo. Record, 1994.
MAXWELL, John C. O livro de ouro da liderança. Thomas Nelson Brasil, 2008.
MAXWELL, John C. O líder 360 graus. Thomas Nelson Brasil, 2005.
MURPHY, Joseph. O poder do subconsciente. Record, 1963.
O´CONNOR, Joseph. Manual de programação neurolinguística. Qualitymark, 2003.
ROBBINS, Anthony. Desperte o gigante interior. Record, 1995.
ROBBINS, Anthony. Poder sem limites: o caminho do sucesso pessoal pela programação neurolinguística. Best Seller, 1987.
URBAN, Hal. Escolhas que podem mudar a sua vida. Sextante, 2010.